Le Tutu

Par

Sapho

Mœurs Fin de Siècle

PARIS . L . GENONCEAUX

PRINCESSE SAPHO

LE TUTU

MŒURS FIN DE SIÈCLE

Avec une planche de musique céleste et une
composition symbolique de Binet

PARIS

L. GENONCEAUX, ÉDITEURS

3, RUE SAINT-BENOIT, 3

1891

LE TUTU

MOEURS FIN DE SIÈCLE

PRINCESSE SAPHO

LE TUTU

MOEURS FIN DE SIÈCLE

*Avec une planche de musique céleste et une
composition symbolique de Binet*

PARIS

L. GENONCEAUX, ÉDITEUR

3, RUE SAINT-BENOIT, 3

1891

Tous droits réservés

LE TUTU

I

Lorsqu'il se trouva sur le trottoir, une pluie
fine, persistante, pareille à de l'eau pulvérisée,
et si ténue, si ténue qu'elle tombait à peine, de
sorte qu'il était difficile de reconnaître si elle
venait d'en haut ou si elle s'élevait de la terre;
une pluie impalpable, telles des molécules d'air
liquéfiées, ouatait le boulevard d'un brouillard
que les becs de gaz avaient peine à percer.
Mauri de Noirof, la tête un peu étourdie, s'a-
ventura au hasard, s'arrêta, tournoya sur les
talons, reprit sa marche biscornue, ayant un
souvenir confus *de la chose* qu'il venait de

commettre pour la première fois. Sur l'as-
phalte, il aperçut un morceau de brique qu'il
s'amusa à pousser devant lui, à petits coups de
pied ; la pierre roulait à dia, à droite, selon la
fantaisie du mouvement auquel elle obéissait.
Ce morceau de brique finit par l'intéresser, il
le ramassa et tressaillit tout-à-coup : un stri-
dent bruit éclatait au-dessus de sa tête. C'était
un train en partance pour la Bretagne. La fumée
de la machine, plus dense que l'atmosphère,
masqua la défilade des wagons et retomba
peu à peu pour venir s'engouffrer sous les ar-
cades du pont du chemin de fer. Mauri s'o-
rienta : il ne devait pas être loin de la gare
Montparnasse. Des histoires de brigand lui re-
vinrent alors en mémoire, et dans la crainte de
se faire assassiner, il rebroussa chemin, remonta le trottoir gauche du boulevard de
Montrouge, son morceau de brique à la main.
D'où provenait-il, ce fragment de terre cuite ?
Qu'était devenu l'arrière grand-père de l'ou-

vrier qui avait donné le premier, le tout premier coup de pioche dans la glaise dont il devait être pétri? Qui l'avait déposé là, sur le trottoir? Possédait-il une âme, ce morceau de brique? Souffrait-il de la pluie ou de la chaleur? Mauri fut arraché à ces réflexions par le passage d'un éteigneur de réverbères, et par deux ou trois pst! pst! allongés, poussés derrière lui. En ce moment précis, il se rappela une soirée qu'il avait passée cinq ans auparavant chez une amie de sa mère, dans le Doubs. Puis, l'idée de manger des escargots sans ail sur un cheval sans tête qui prendrait le mors aux dents à reculons, le hanta. Alors, il se heurta à un nouveau morceau de brique qu'il fit rouler devant lui, toujours à petits coups de pied. Il allait lentement, en évitant soigneusement de marcher sur les lignes de rencontre des dalles du trottoir : cela l'amusait. A un moment, il marcha sur une de ces lignes, et il fut exaspéré de sa maladresse. Un ouvrier le dépassa ; Mauri observa que le derrière de son pantalon plissait grimacièrement. Puis, il ne pensa plus à rien. Sa tête se vidait, sous cette pluie de mai qui le glaçait peu à peu, pénétrant les vêtements neufs qu'il étrennait, ce jour-là, pour la troisième fois.

Avant de descendre la rue d'Odessa, il se retourna ; la maison avait grand air, ses volets étaient clos religieusement, comme des yeux de vierge. Bien qu'elle n'eût rien de particulièrement remarquable dans sa forme architecturale, c'était la maison *la plus belle* du boulevard. Pourtant, l'immeuble ressemblait à tous les autres immeubles : n'importe, c'était le plus beau. De nouveaux pst! pst! se firent entendre.

— Monsieur Mauri ! Vous me lâchez donc ?

— Tiens, c'est vous? Qu'est-ce que vous fichez ici ?

— Mais je vous attends, pardi ! Vous me dites que vous n'en avez que pour une minute.

Mauri le regarda.

— Vous êtes hydraté, Pancrace ; oui, milliard de Dieu, hydraté. Moi aussi, d'ailleurs. Quel sale temps ! Ah, vous m'avez attendu toute la nuit... Mais c'est idiot, il fallait entrer et me demander.

— J'avais peur de vous déranger. Enfin, cela fait dix-neuf francs...

Décidément, ce cocher n'était pas fort. Après l'avoir payé, Mauri se traita d'imbécile, de propre à rien, et s'engagea dans la rue d'Odessa, cherchant un café pour s'y affaler, car il ressentait une fatigue étrange dans les jambes. Cette fatigue des jambes l'étonna même, et volontairement, il refusa, mentalement, d'en rechercher les causes.

— Monsieur Mauri ! Et ma voiture ?

Ces mots sortirent de la trachée-artère d'un second cocher, un cocher de l'Urbaine. cette fois — le premier appartenait à la Coopérative, ou plutôt aux Métropolitaines. — Il lui réclamait quinze francs pour l'avoir attendu depuis minuit.

— Parfaitement, depuis minuit, monsieur Mauri. Vous m'aviez dit hier de venir vous attendre à minuit. Je vous ai attendu depuis minuit. Il est cinq heures. Calculez !

— ... chez-moi la paix. C'est la dernière fois que je prends des fiacres. Quand j'en prends, je ne m'en sers pas. Je ferai comme tout le monde, je me contenterai d'omnibus.

— Mais la nuit, monsieur Mauri...

Ce cocher avait raison, les omnibus ne roulaient pas la nuit. Il l'invita à prendre un verre que l'autre refusa avec dignité. D'ailleurs, la rue d'Odessa ne possédait point de café, et aucun établissement n'était ouvert place de Rennes. Noirof déambula, barbottant dans des flaques jaunes, mouillé comme un canard, toujours intrigué par le morceau de brique qu'il ne lâchait pas. Quelques rares passants l'examinaient curieusement, et un sergent de

ville le toisa avec mépris. Où aller ? La demie
sonna à la gare. Cinq heures et demie ! Lui,
Mauri de Noirof, sur le pavé à pareille heure !
Il fit demi-tour, mais comme il avait horreur
de passer deux fois de suite aux mêmes en-
droits — ce qu'il appelait le pléonasme de la
locomotion,— il prit la rue du Départ, travaillé
par le souvenir d'un cigare qui l'avait rendu
malade, six mois auparavant, chez madame
Perle, une grande cocotte des Champs-Ély-
sées, où l'on jouait gros. Oui, ce cigare
l'avait rendu malade. Tout à coup, il se re-
trouva boulevard de Montrouge, et par un
hasard curieux, tous les événements de la matinée dansèrent une ronde échevelée dans sa
cervelle : la sortie, le morceau de brique, le
coup de sifflet de la locomotive, le pont du
chemin de fer, le pied posé sur une ligne de
séparation des dalles du trottoir, l'autre morceau de brique, les deux cochers, la fatigue
des jambes. Le jour venait péniblement, le

brouillard trop lourd restait englué au sol; l'air
puait l'eau; des ouvriers débouchaient de la
rue de la Gaîté et des maraîchers s'installaient
sur le boulevard. Tout cela était triste. Noirof
se sentait les yeux fatigués; chaque fois qu'il
cillait, il lui semblait remuer des grains de sa-
ble sous les paupières. Très amusante, la vie!
Il en avait connu la suprême jouissance la
nuit dernière, là, dans cette grande maison
qui dormait toujours chastement. C'était ça,
l'idéal de la chair! Il hésita, devait-il rentrer
chez lui, à une heure aussi anormale, ou ne
pas rentrer? Où se réfugier? Trempé comme il
l'était, où aller se sécher? Il grelotta. Il passa
devant la glace extérieure d'un marchand
d'antiquités, et se regarda; il se regardait pro-
bablement pour la première fois, car son
étonnement fut extrême. Comment, c'était lui,
cette grande carcasse mouillée, avec une figure tirant sur le vert-cadavre-de-noyé-ayant-
séjourné-trois-mois-dans-l'eau, avec cette cra-

vate nouée de travers, les boutons de la redingote passés dans les boutonnières du gilet, et des sillons de pluie sur la joue, et de la saleté partout? Il se dit:

— J'ai l'air d'un mendiant, je vais me donner deux sous.

De la main droite, il prit un sou dans la poche de son gilet, et se l'offrit généreusement:

— Tiens, mon vieux, c'est de bon cœur.

Ce monologue le fit sourire, et il se sourit gracieusement, et il en ressentit un contentement qu'il formula ainsi, à mi-voix, ou plutôt avec la voix d'un homme couché dont la poitrine serait opprimée par un poids de plusieurs millions de kilogrammes:

— Chouette!

Alors, il prit une résolution: il ne retournerait pas chez lui ce matin.

Très rapidement, il traversa le boulevard et rentra dans le bordel.

1.

II

Maintenant, qu'il connaissait *cela*, une idée
le tourmenta. La chasteté de la vie lui en avait,
jusqu'ici, fermé les mystères. Cette nuit passée
au bordel lui ouvrit des horizons inconnus.
Il se dit qu'avec un nom comme le sien et un
diplôme d'ingénieur au fond de sa poche, il
pouvait se hasarder et prendre femme. Il souffrait cependant de l'indécision de son carac-
tère ; il avait mal à la tête, et la mémoire lui
était infidèle. Elle lui était tellement infidèle
qu'il lui arrivait souvent de rester des heures
entières dans une stupéfaction profonde : il ne

se rappelait plus son propre nom. Cela lui
venait de son père qui oublia, un jour, de
vivre à la suite d'une légère blessure que lui
fit une locomotive en lui passant en travers
du corps. L'accident rapporta à la veuve trois
ou quatre cent mille francs de dommages-inté-
rêts. Cette fortune, inespérée, permit à la
mère de *mettre son fils en pension*, et de lui
donner *une bonne instruction*. Mauri, diminutif
de Maurice, suivit les cours de la Centrale où il
se distingua par rien du tout. Il n'apprit rien,
et fut nommé ingénieur. Quand il sortit de
l'école, il entra au bordel. Quand il sortit du
bordel, il voulut y rentrer. Non, ce n'était pas
raisonnable. Mieux valait se marier, il s'en
ouvrirait le jour même à sa mère. Celle-ci habitait, tout près du rond-point de l'Arc de Triomphe, un petit entre-sol très bourgeois, très
confortable. C'était une grande personne illet-
trée mais distinguée, qui avait la manie des
vieux meubles et qui gérait très mal sa for-

tune. Dans son ignorance, elle s'intéressait surtout aux sciences se rapportant à l'exploitation des mines. C'était pour cela que son fils Mauri avait suivi les cours de la Centrale. Lorsqu'il rentra, exténué, du boulevard de Montrouge, elle lui dit simplement : « Tu es un homme perdu, » et ne pleura point. Elle ne lui fit aucun reproche, tout se passa avec dignité. Lui s'étendit dans une chaise-longue, bafouilla un peu, inventa une histoire d'étudiants, une nuit coulée dans les sous-sols des Halles, pour célébrer dignement l'anniversaire de la mort d'un camarade.

— Tu comprends, on a rigolé un peu. Il y avait là un tas de gens bizarres, des filles publiques, des voyous, des littérateurs. On a chahuté. C'est la première fois que ça m'arrive, il faut un commencement à tout. Il ajouta :

— Il me semblait que j'avais quelque chose à te dire.

Et il chercha dans sa tête, écoutant distraitement ce que lui contait sa mère, faisant des signes de dénégation aux questions qu'elle lui posait.

— On ne vous apprend donc rien, à l'École centrale? Enfin, tu pourrais tout de même bien me répondre, l'affaire en vaut la peine. Elle est neuve, au moins, celle-là. Le comte d'Esbigna-brougne s'y intéresse pour cinquante mille francs, monsieur Possute aussi. Qu'en penses-tu?

Au même moment, un jeune homme entra, dont on ne distingua d'abord que le nez, un nez en forme de bosse de chameau, gros, long, rouge, énorme, un nez pouvant contenir un tombereau de roupie. A distances égales de ce nez, s'épanouissaient des oreilles étroites qui avaient l'air de vouloir se détacher de la tête. Pas de moustache ni de barbe. Les incisives tombées donnaient à sa bouche l'aspect d'un museau de cobaye édenté, et quand il parlait, le nez se ratatinait à l'instar d'une grimace. Il gesticulait précieusement, l'index toujours levé, et sa mise était très négligée.

Et il expliqua son plan.

— Il me faut cent cinquante mille francs, pas un sou de moins. L'extraction de l'or dans les pierres meulières de Paris est une des plus plus belles conceptions de l'esprit humain. Mais voilà, il faudra peut-être dépenser cent francs de main-d'œuvre pour recueillir un centime d'or. Plus tard, l'affaire ira toute seule. Je vous assure qu'elle ira toute seule. Cette certitude est basée sur les analyses de la Chimie, qui sont indiscutables. Voici, d'ailleurs, le rapport de l'Académie des sciences de Copenhague, en date du 17 mars 1801. C'est écrit en danois, voulez-vous que je vous le traduise?

Mauri intervint. Il avait saisi. En sa qualité d'ingénieur, il appuya les déclarations de l'homme au nez de chameau. Certainement, qu'il y avait de l'or dans les pierres meulières de Paris. Pas beaucoup, peut-être, mais un peu, certainement.

— Vous avez là une idée épatante, monsieur.

— Oui, répliqua-t-il, très épatante. Moi, j'ai
toujours essayé de mettre en pratique le prin-
cipe suivant : Vivre et gagner de l'argent en ne
risquant rien et en travaillant le moins possible. Notez bien que je ne vous pousse pas à
vous intéresser à mon affaire ; j'ai une idée,
je vous la communique ; si elle vous paraît
bonne, et que vous y engagiez des capitaux,
nous faisons un échange et nous sommes
quittes. Vous risquez, c'est au petit bonheur,
tant pis si vous perdez. Il est bien évident,
n'est-ce pas, que vous ne perdrez rien. Le
comte d'Esbignabrougne, qui est un malin, a
dû faire virer sept cent soixante-dix-sept fois
sa pensée dans son cerveau avant de se dé-
cider. Maintenant, voyez et jugez. Je suis
venu, madame, parce que vous m'aviez parlé
de votre fils que vous désiriez consulter auparavant. Mais, au fait, ce doit-être monsieur,

que j'ai connu en pension chez les frères de Juilly.

— Jardisse !

— Noirof !

En effet, c'était deux amis de pension. Jardisse, un raté, après avoir tâté de la médecine, s'était lancé dans le commerce d'antiquités, où il avait mangé une centaine de mille francs en noces et en voyages. Puis il avait fermé boutique, une pauvre petite boutique humide de la rue Jacob, pour essayer autre chose. Sa famille dont il ne portait que les défroques hors d'usage, lui coupait les vivres. En lisant dans les journaux les annonces de mariage et les boniments des financiers véreux, il songea à exploiter la bêtise humaine. Comme la Bêtise est éternelle, il y aura toujours moyen de l'exploiter. Le Créateur, s'il y en a un, commit une lacune lorsqu'il tira du néant le premier homme et la première femme : il oublia de ne pas les créer à son image. De sorte qu'il s'est condamné lui-même à avoir continuellement sous les yeux la photographie de sa propre image : des gens bêtes. Le bon Dieu est un homme trop haut placé pour qu'on essaye de lui poser des lapins ; autrement, ça prendrait sûrement. Mais puisqu'il est inabordable, il faut bien se rabattre sur ses créatures. Ainsi raisonna Jardisse. L'or du pavé de Paris lui offrit un terrain propice. Et madame de Noirof y fourra cinquante mille francs.

LA MALADIE DU COEUR

1 acte, en prose.

Personnages : Mme de NOIROF. — MAURI de NOIROF, son fils.

(La scène se passe rue de Presbourg, au rond-point de l'Arc de Triomphe. — Intérieur bourgeois. — Temps superbe. — Les arbres sont en fleurs).

ELLE

Tu m'approuves ?

LUI

Je te crois. Tu vas décupler ta galette.

ELLE, *vexée*.

Galette !

LUI

En argot, cela veut dire argent.

ELLE

Je le savais. Emploie donc d'autres expressions. Qu'est-ce que tu as que tu remues comme ça ?

LUI

Il y a que j'ai quelque chose à te dire et que je ne me rappelle plus quoi.

ELLE

Enfin, tu trouves comme moi, n'est-ce pas, que l'idée de M. Jardisse est superbe ?

LUI

Oh, parfaitement ; mais il faut prendre garde : c'est une canaille.

ELLE

Tant mieux. Et toi, mon ami, à quoi t'es-tu
décidé?

LUI

Voilà un maronnier superbe, regarde donc !

ELLE

Oui, c'est un....

LUI

Oh, aimer ça !

ELLE, interloquée

Eh bien ? (Elle ouvre des yeux très grands,
aussi vagues que des terrains.)

LUI

Je suis loufoc, je voudrais être amoureux de la
matière. (En ce moment, il se trémousse,
fouille dans une poche de derrière, en retire
le morceau de brique.) Voilà ce qui me gê-
nait. Ah, sapristi ! Je me rappelle. Sais-tu ce
que je voudrais bien ?

ELLE

Quoi ?

LUI

Me marier. J'ai des idées de mariage depuis ce matin. Je voudrais épouser quelque chose qui ne soit pas un être humain.

ELLE

Un tombereau ?

LUI

Non, on ne se marie pas avec un tombereau. Un arbre, par exemple, comme ce maronnier. Oh, coucher avec un arbre ! Le rendre enceint ! Avoir des enfants avec lui !

ELLE, *placidement*.

Et assister tranquillement avec lui à un five o'clock chez le président de la République ?

LUI

Tu plaisantes ? Ai-je demandé à vivre ? M'a-t-on consulté avant de me mettre au monde ?

Non, n'est-ce pas ? Alors, si j'existe, c'est malgré moi, et si j'existe, est-ce que je suis obligé de me soumettre aux lois que le bétail humain s'est imposées, sans me demander mon consentement? Dois-je faire comme tout le monde ? Tu parles d'épouser un arbre ! Certainement, que j'épouserais un arbre.

ELLE

Il faudrait pour cela que les parents n'y missent aucun empêchement.

LUI

Au besoin, je ferais les sommations respectueuses. Tiens, veux-tu que je te parle franchement, que je me déshabille, que je t'ouvre mon cœur, que je le mette à poils devant toi ? Le monde est abruti. Il n'y a que nous deux qui nous comprenions : épousons-nous ?

ELLE

Non, tu es trop bête. Si j'ai consenti à un collage légal avec monsieur ton père, c'est parce que je lui avais reconnu des qualités qui te manquent.

LUI

Je t'en prie, épousons-nous. Oh, aimer sa sainte garce de mère ! Coucher avec elle ! La rendre enceinte !

ELLE

Enfant, va !

LUI

Alors, quoi ? Toutes les femmes me dégoûtent, excepté toi. Les jeunes filles de quinze à trente ans me dégoûtent aussi. — Les gamines de sept à quinze ans sont trop roublardes. — Veux-tu me mettre en relations avec une gosse de trois à cinq ans ?

ELLE

Un petit garçon de deux jours ne serait-il pas préférable !

LUI

Ne blasphème pas.

ELLE

Si l'on sténographiait notre conversation, on crierait au scandale.

LUI

Tu as des idées larges, c'est plaisir de causer avec toi. Sur mille femmes, on n'en trouverait pas une comme toi. J'ai reconnu ta supériorité, je vais mettre des gants crême non fouettée et te demander en mariage.

ELLE

Mais, imbécile, tu sais bien que les lois s'y opposent.

LUI

Je m'y attendais, naturellement. Eh bien, donne-moi une femme.

ELLE

Laquelle ? Est-ce que tu te figures qu'on se marie comme ça, au triple galop ?

LUI

Oui. Il me faut une femme tout de suite. Tu

nous marieras à la Reclus. Après cela, on n'y pensera plus.

(Elle cherche un instant, la main sur les yeux. Lui, contemple son morceau de brique.)

ELLE

Fanny Pompeux ?

LUI

Non. Elle est trop maigre. Et puis, elle lance des postillons en parlant.

ELLE

Sophie Puceau ?

LUI

Non plus. Elle a une mauvaise haleine.

ELLE

Claire Noir !

LUI

Trop boulotte !

ELLE

Boulotte ?

LUI

Trop grosse, quoi. J'ai horreur des femmes grosses.

ELLE

Pourquoi ?

LUI

Et des maigres aussi.

ELLE

Mais pourquoi ?

LUI

Les grosses vont trop souvent où tu sais. et les maigres pas assez.

ELLE

Trop souvent où ?

LUI

Il faut donc te mettre les points sur les i ?

ELLE

Je ne comprends pas.

LUI

Tu as déjà vu des femmes grosses, très grosses. Tu les as vues marcher. Leurs derrières remuent comme des paquets de gélatine. Pourquoi ?

ELLE

Est-ce que je sais ?

LUI

Parce que ces femmes-là sont remplies de matière fécale...

ELLE

Oh !

LUI

...et de borborygmes. Elles sont gonflées par les borborygmes. Elles vessent à propos de rien.

ELLE

Qu'est-ce que tu en sais ?

LUI

J'en ai l'intime conviction. Eh bien, cela doit être désagréable. — Quant aux maigres, c'est tout le contraire : elle n'ont rien dans le ventre. Lorsqu'elles vont à la garde-robe — et elles n'y vont que tous les quatre ou cinq ou six ou sept ou huit jours, — elles y déposent péniblement quelques petites crottes noires, sèches et dures, qui tombent une à une comme des balles de fusil, sans fracas. Et si tu étais homme, tu passerais ton existence avec une femme comme ça ! Jamais de la vie. Il me faut un juste milieu.

ELLE, *ravie.*

Quel homme ! On te choisira ça, petit chameau. Tu es quand même un homme mal élevé.

LUI

C'est juste, mais à qui la faute ?

ELLE

A nous, évidemment. Aujourd'hui, les enfants sont éduqués d'une façon ridicule ; on leur cache la vie, et quand ils commencent à l'entrevoir, ils sont guindés et ne connaissent rien. Il faudrait abolir les préjugés ; nous en souffrons tous. Tiens, moi qui te parle, lorsque je me suis mariée, j'ignorais l'homme. Eh bien, cela est stupide. Dès l'âge de douze ans, les petits garçons et les petites filles devraient avoir des rapports intimes entre eux. Tout cela, naturellement, est subordonné au climat. Les enfants nés sous un ciel chaud, comme l'Espagne, par exemple, devraient se connaître à sept ou huit ans. Ceux qui couvent sous l'équateur devraient se connaître dans les seins de leurs mères.

LUI

Nom de Dieu, maman, tu es une fameuse bougresse !

ELLE, candidement.

Ne m'emmerde pas, Mauri. Tu m'as parlé tout-à-l'heure du défaut des femmes qui vont

2.

à la garde-robe; c'est mal, on ne remue pas
ces choses-là. (Une pause de quinze à dix-sept
secondes.) Après tout, tu as raison; les meilleures choses retournent à la matière. Les plus
belles femmes ne sont composées, chimique-
ment parlant, que de quintessence de matière
fécale.

LUI

Parfaitement, et cela a même fait l'objet
d'une correspondance vraiment remarquable
entre la duchesse d'Orléans et l'électrice de
Saxe. Je vas te lire ça. (Il entre dans sa chambre
et en rapporte un volume. Il lit.)

La Duchesse d'Orléans à l'Électrice de Saxe[1].

« Fontainebleau, 9 octobre 1694.

» Vous êtes bien heureuse d'aller chier

---

1. *Correspondance complète de la duchesse d'Orléans,
princesse palatine, mère du Régent* ; traduction nouvelle
de G. Brunet, accompagnée de notes et d'éclaircissements,
T. II, p. 387-389. G. Charpentier, éditeur.

» quand vous voulez ; chiez donc tout votre
» chien de soûl. Nous n'en sommes pas de
» même ici, où je suis obligée de garder mon
» étron pour le soir ; il n'y a point de frotoir
» aux maisons du côté de la forêt. J'ai le mal-
» heur d'en habiter une, et par conséquent,
» le chagrin d'aller chier dehors, ce qui me fâ-
» che, parce que j'aime à chier à mon aise, et
» je ne chie pas à mon aise quand mon cul
» ne porte sur rien. *Item*, tout le monde nous
» voit chier ; il y passe des hommes, des fem-
» mes, des filles, des garçons, des abbés et des
» suisses ; vous voyez par là que nul plaisir
» sans peine, et que si on ne chiait point, je
» serais à Fontainebleau comme le poisson
» dans l'eau. Il est très chagrinant que mes
» plaisirs soient traversés par des étrons ; je
» voudrais que celui qui a le premier inventé
» de chier, ne pût chier, lui et toute sa race,
» qu'à coups de bâton. Comment, mordi ! qu'il
» faille qu'on ne puisse vivre sans chier ? Soyez

» à table avec la meilleure compagnie du
» monde, qu'il vous prenne envie de chier, il
» vous faut aller chier. Soyez avec une jolie
» fille, une femme qui vous plaise, qu'il vous
» prenne envie de chier, il vous faut aller chier
» ou crever. Ah! maudit chier, je ne sache
» point de plus vilaine chose que de chier.
» Voyez passer une jolie personne, bien mi-
» gnonne, bien propre, vous vous récriez:
» Ah! que cela serait joli si cela ne chiait pas!
» Je le pardonne à des crocheteurs, à des sol-
» dats, aux gardes, à des porteurs de chaises
» et à des gens de ce calibre-là. Mais les em-
» pereurs chient, les impératrices chient, le
» pape chie, les cardinaux chient, les princes
» chient, les archevêques et les évêques
» chient, les généraux d'ordres chient, les
» curés et les vicaires chient. Avouez donc que
» le monde est rempli de vilaines gens, car
» enfin, on chie en l'air, on chie sur la terre,
» on chie dans la mer, tout l'univers est rem-

» pli de chieurs et les rues de Fontainebleau
» de merde, car ils font des étrons gros comme
» vous, madame. Si vous croyez baiser une
» belle petite bouche avec des dents bien
» blanches, vous baisez un moulin à merde ;
» tous les mets les plus délicats, les biscuits,
» les pâtés, les tourtes, les perdrix, les jam-
» bons, les faisans, tout n'est que pour faire
» de la merde mâchée, etc. »

Réponse de l'Électrice.

« Hanovre, 31 octobre 1694.

» C'est un plaisant raisonnement de merde
» que celui que vous faites sur le sujet de
» chier, et il paraît bien que vous ne connais-
» sez guère les plaisirs, puisque vous ignorez
» celui qu'il y a à chier ; c'est le plus grand de
» vos malheurs. Il faut n'avoir chié de sa vie,
» pour n'avoir senti le plaisir qu'il y a de chier ;
» car l'on peut dire que de toutes les nécessités
» à quoi la nature nous a assujettis, celle de

» chier est la plus agréable. On voit peu de
» personnes qui chient qui ne trouvent que
» leur étron sent bon ; la plupart des mala-
» dies ne nous viennent que par faute de
» chier, et les médecins ne nous guérissent
» qu'à force de nous faire chier, et qui mieux
» chie, plus tôt guérit. On peut dire même que
» l'on ne mange que pour chier, et tout de
» même qu'on ne chie que pour manger, et
» si la viande fait la merde, il est vrai de dire
» que la merde fait la viande, puisque les co-
» chons les plus délicats sont ceux qui man-
» gent le plus de merde. Est-ce que dans les
» tables les plus délicates, la merde n'est pas
» servie en ragoût ? Ne fait-on pas des rôties
» de la merde de bécasses, des bécassines,
» d'alouettes et d'autres oiseaux, laquelle
» merde on sert à l'entremets pour réveiller
» l'appétit ? Les boudins, les andouilles et les
» saucisses, ne sont-ce pas des ragoûts dans
» des sacs à merde ? La terre ne deviendrait-

» elle pas stérile si on ne chiait pas, ne pro-
» duisant les mets les plus nécessaires et les
» plus délicats qu'à force d'étrons et de merde?
» étant encore vrai que quiconque peut chier
» sur son champ ne va point chier sur celui
» d'autrui. Les plus belles femmes sont celles
» qui chient le mieux; celles qui ne chient pas
» deviennent sèches et maigres, par consé-
» quent laides. Les plus beaux teints ne s'en-
» tretiennent que par de fréquents lavements
» qui font chier; c'est donc à la merde que
» nous avons l'obligation de la beauté. Les
» médecins ne font point de plus savantes dis-
» sertations que sur la merde des malades;
» n'ont-ils pas fait venir de l'Inde une infinité
» de drogues qui ne servent qu'à faire de la
» merde? Il entre de la merde dans les pom-
» mades ou les fards les plus exquis. Sans
» la merde des fouines, des civettes et des
» autres animaux, ne serions-nous pas privés
» des plus fortes et meilleures odeurs? Les

» enfants qui chient le plus dans leurs maillots
» sont les plus blancs et les plus potelés. La
» merde entre dans quantité de remèdes et
» particulièrement pour la brûlure. Devenez
» donc d'accord que chier est la plus belle, la
» plus utile et la plus agréable chose du
» monde. Quand vous ne chiez pas, vous vous
» sentez pesante, dégoûtée et de mauvaise hu-
» meur. Si vous chiez, vous devenez légère,
» gaie et de bon appétit. Manger et chier,
» chier et manger, ce sont des actions qui se
» suivent et se succèdent les unes aux autres,
» et l'on peut dire que l'on ne mange que pour
» chier, comme on ne chie que pour manger.
» Vous étiez de bien mauvaise humeur quand
» vous avez tant déclamé contre le chier; je
» n'en saurais donner la raison, sinon qu'assu-
» rément votre aiguillette s'étant nouée à deux
» nœuds, vous aviez chié dans vos chausses.
» Enfin, vous avez la liberté de chier partout
» quand l'envie vous en prend, vous n'avez

» d'égard pour personne ; le plaisir qu'on se
» procure en chiant vous chatouille si fort que,
» sans égard au lieu où vous vous trouvez,
» vous chiez dans les places publiques, vous
» chiez devant la porte d'autrui, sans vous
» mettre en peine s'il le trouve bon ou non,
» et, marque que ce plaisir est pour le chieur
» moins honteux que pour ceux qui le voient
» chier, c'est en effet que la commodité et le
» plaisir ne sont que pour le chieur. J'espère
» qu'à présent vous vous dédirez d'avoir voulu
» mettre le chier en si mauvaise odeur, et que
» vous demeurerez d'accord qu'on aimerait
» autant ne point vivre que de ne point
» chier. »

LUI

C'est crânement dit ça, ou je ne m'y connais
plus.

ELLE

Résumons-nous. Tu veux te marier. Et ta
position ?

LUI

Eh bien, je m'associe avec le directeur de la librairie du Marais. Je l'ai vu, il lui faut cent mille francs. Cela me fera une occupation très agréable. Je n'y connais rien, mais le directeur est un homme herculéen. Il dirigera, je financerai, tout marchera comme sur des roulettes. Après quoi, je me marierai. Si ma femme me déplaît......

ELLE

Oui, mon enfant.

(La conversation tombe.)

III

Grand, maigre, la barbe en pointe, les yeux noirs, le cou enserré dans un faux col à la mode, toujours mis avec une extrême recherche, Mauri de Noirof réalisait le type le plus parfait de l'homme du monde. Il en imposait par sa profonde urbanité qui se manifestait dans les moindres circonstances de la vie. Le soir, quand une cocotte de bas étage, de très bas étage, de fort bas étage, lui faisait pst! pst! en lui roulant des yeux de merlan frit et en lui offrant son corps en location pour une minute ou une heure ou un jour ou une

semaine ou un mois; le soir, quand un petit
garçon rose et joufflu ou quand un monsieur
élégant et poudré le frôlait d'une façon non
équivoque, Mauri s'excusait en termes cour-
tois et saluait avec une grâce exquise les cher-
cheurs d'amour. Quand il entrait dans un
chalet de nécessité, il se découvrait pendant
tout le temps qu'il y restait; la chose faite, il
payait, donnait un sou de pourboire à la patronne, rarement deux, jamais trois, le chapeau à la main, s'inclinait avec un sourire, et
vidait les lieux de telle façon qu'il avait encore
l'air respectueux par derrière.

Le matin où il gravit pour la première fois
l'escalier solennel qui conduisait à l'appartement du directeur de la librairie du *Marais,*
il eut une secousse : il fut persuadé qu'il venait
là depuis longtemps, que rien n'était nouveau
pour lui dans cette vieille maison Louis XIII,
qu'il en connaissait les sculptures, les panneaux, les diverses particularités, ainsi que les

habitants. Il dit au directeur : « Je vous connais, je vous ai vu, c'est un éblouissement, je connais votre femme, ainsi que vos employés ; depuis toujours, je sais qu'il y a là un calendrier, ainsi qu'une branche de buis là, dans le coin ; je vous assure que ce canapé usé m'est familier. Suis-je fou ? Ou l'êtes-vous ? » Le versement des cent mille francs ainsi que la rédaction de l'acte d'association avait été fait chez le notaire de la famille, la veille. Mauri ressentait un froid dans la tête, un froid qui lui glaçait le cerveau. Il fut étonné de l'ahurissement du directeur, de sa femme et du personnel. Des épreuves encombraient une table, il les parcourut, et bien qu'il ne connût aucun signe de correction typographique, il signala par un déléatur une lettre en trop dans un mot. Il se leva, discuta l'opportunité des publications en préparation, et s'écria : « C'est un métier très facile, je vous laisse, j'ai autre chose à faire. » Le froid de la tête s'accentuait.

Il traversa la place des Vosges, et se donna des coups de canne dans les jambes, en se demandant si tous les habitants de la terre lui ressemblaient. Sa salive était sucrée, il l'avalait avec délices, et le quadrilatère de l'ancienne place royale s'effaçait derrière une gaze jaune, mouvante ; et il n'y avait plus de ciel, la terre prenait des tons d'un bleu intense, en alternance avec d'autres violets, puis verts ; les feuilles des arbres étaient indigotes, leurs troncs, rouges, d'un rouge éblouissant ; l'air avait la couleur orange ; et subitement, tout cela fut pris d'un tremblement rapide, il vit blanc. Il se reconnut. De nouveau, sa tête se vida. Il ne pensa plus, et poursuivit tout droit sa route.

Il se sentit tiré par la manche de sa redingote.

— Tu ne me reconnais pas ?

Il la regardait interrogativement.

— Mais tu sais bien, au 34, boulevard Montrouge... J'en suis sortie pour entrer au ballet de l'Eden. Nous déjeunons ensemble, pas?

Peu jolie. Un timbre de voix clair, magnifique. Des cheveux noirs trop touffus. Un corps impeccable de forme. Une démarche nette, en dehors, lascive. Bien chaussée, des dessous propres, un parfum de femme honnête s'en dégageant. Elle lui prit le bras, et d'un ton heureux :

— Te rappelles-tu?

Non, il ne se rappelait pas. Un leitmotif de la Walkyrie le préoccupa, et en essayant de le chanter, il fredonna une valse de Bullier. Encore malade? Il lui dit :

— Je voudrais bien savoir, madame, comment il se fait que nous nous trouvions précisément ici, à onze heures vingt-sept minutes du matin.

— Mais tu m'y avais donné rendez-vous. Tu m'avais dit avant-hier : Sois-là. J'y suis. Voilà tout.

— Le fait est crevant. Ma parole, le monde n'est peuplé que de fous. Et il ajouta : que de fous, que de fous. Comment t'appelles-tu ?

— Mais la Pondeuse, pardi ! Tu sais, si ça 'embête que je sois venue !.. Tu fais semblant de ne pas me reconnaître...

— La Pondeuse ! Quel sobriquet grotesque ! La Pondeuse est une femme qui doit pondre quelque chose. Qu'est-ce que tu ponds ?

— Je ne ponds rien. Je t'ai expliqué l'autre jour pourquoi l'on m'a baptisée de ce nom-là.

Et elle recommença l'historique. Joueuse invétérée, elle suivait assidûment les courses, et y risquait tout son argent. Pendant longtemps, elle vécut, ainsi, des bénéfices réalisés sur les hippodromes, gagnant cinq cents francs aujourd'hui, en perdant quatre cents le lendemain. Mais, la balance penchait toujours, en fin de compte, en faveur des bénéfices. Lorsqu'elle apparaissait au pesage, les amateurs de chevaux, les jeunes et vieux amateurs de chevaux s'écriaient : « Voilà la ponteuse ; sur quel cheval va-t-elle ponter ? » Et elle pontait presque toujours sûrement. Par corruption, on avait prononcé un jour le mot pondeuse, et le mot était resté. Elle avait un frère, un gredin qui lui vola, une nuit, tout son avoir, une dizaine de mille francs mis de côté. Brusquement ruinée, elle ne put se résoudre à travailler, et comme elle avait des principes, elle entra dans un bordel. Elle y séjourna peu de temps, une semaine à peine. La veille du jour où Mauri y fit son apprentissage, la *maison* reçut la visite d'un magistrat, sportman accompli, qui connaissait la Pondeuse, et qui casqua pour obtenir son élargissement.

— Enfin, me voilà sauvée. J'ai reloué ce matin mon logement de la rue Monge. Tu viendras me voir, n'est-ce pas ? tu verras comme c'est gentil. Je te donnerai du chocolat le matin, le chocolat du *Planteur*. Le mot est de Forain. C'est fort, hein ?

L'autre répondit :

— Il est bien fâcheux que l'on n'aie pas encore trouvé le moyen d'abréger le langage. Pourquoi ne prononcerait-on pas seulement la première syllabe des mots pour aller plus vite ? Nous en recauserons tout à l'heure.

— Est-ce que je te parle de ça ?

— Ah, oui, l'Eden, je me souviens. Alors, tu connais la danse ? Ferme ça. Je voudrais bien voir une vache se promener avec des pattes de bois sur un fil de fer tendu à cinq cents mètres de hauteur, entre Paris et Marseille.

— Mais il est fou, ma parole ; il est gaga ! Tu es gaga ? Es-tu saoul ?

Et elle lui passait la main dans la barbe, amoureusement. Ils marchaient au pas accéléré, ils ressemblaient aux héros de la Fuite en Égypte. Il disait :

— Rien n'est beau comme de marcher rapidement ; tout homme devrait avoir une locomotive dans chaque jambe, un tender dans le derrière, et des roues sous les pieds.

Ils longèrent la halle aux vins, et gagnèrent la rue du Cardinal-Lemoine où Mauri connaissait un petit restaurant tenu par un gros bonhomme qui ne fumait jamais. On l'appelait le *père La Soupe*. Toute la jeunesse du quartier latin n'accourait pas chez lui, parce que sa maison était trop petite. Une double porte donnait accès à une manière d'antichambre séparée de la première salle à manger par une cloison surmontée de balustres, et cette cloison était percée de deux petites fenêtres en verre dépoli ; ces deux petites fenêtres donnaient à la cloison un air de grande distinction. La cloison avait un air de grande distinction avec ses deux fenêtres en verre dépoli. Quand on entrait, il fallait remiser son chapeau et sa canne ou son parapluie ou son ombrelle dans un placard ad hoc. Et l'on s'asseyait à une table où jamais une nappe ne

s'étendait ; les tables et le parquet étaient
cirés ; les bougies remplaçaient le gaz ; une
ardoise banale servait de carte ; il fallait y
déchiffrer la nomenclature des plats écrite au
crayon, en abrégé. L'on mangeait très bien, à
bon marché ; le patron servait la moutarde lui-
même, et il refusait de la nourriture quand il
jugeait que les clients étaient assez rassasiés.
Il y avait, aux murs, accrochées dans un dé-
sordre voulu et sans art, de très mauvaises
peintures ; l'heure était annoncée par des hor-
loges-coucou, et une tourterelle apprivoisée
voletait d'une pièce à l'autre, en crottant dans
les plats. A peine assise, la Pondeuse s'écria :

— Tiens, Francisque Sarcey !

Le père La Soupe lui ressemblait d'une manière frappante. Il se rengorgea et fut très
impoli. Il déclara qu'il lui était pénible de se
voir comparé à un critique littéraire, mais il
mentait, car il ressentait une véritable joie
chaque fois qu'on faisait allusion à son sosie

Il parlait accélérément, prononçait plusieurs mots à la fois, en les remuant dans la bouche comme on fait sauter sauter une friture de goujons dans la poêle, et les mots sortaient au petit bonheur, l'un avant l'autre, ou simultanément, ou dans leur ordre. Une lumière jaillit dans le cerveau de Mauri, et se penchant vers sa compagne :

— Qu'est-ce que je te disais !

— Rien, répondit l'autre qui n'y était pas. Cet entre-côtes est délicieux. J'en reprends un.

— Il faut convenir tout de même que l'homme est bien bête d'inviter une femme à manger. Cela ne fait pas avancer d'un pas la question sociale. Et puis, tu m'interromps ; je ne sais plus ce que je voulais dire.

Après une minute de silence :

— As-tu de la mémoire ? Oui, cela se voit. Tâche donc de me répéter tout ce que je t'ai dit ce matin. Je n'exige pas le mot à mot, les grandes lignes de la conversation suffisent.

— Les grandes lignes... Est-il gentil, avec ses grandes lignes! Ah oui, mon chéri, tu peux te vanter d'en avoir une dans le plafond. Alors, tu veux les grandes lignes. Voyons: la vache en l'air, je ne vois que ça qui puisse être choisi comme une grande ligne.

— J'entrevois dans l'imagination de vastes projets à exécuter. Je t'assure que j'ai peur de la vie. Les gens heureux sont les ratés.

— Mange donc, cela vaudra mieux.

Mais il ne mangeait pas. Il avait renversé la carafe d'eau, mis du poivre dans son vin, et s'apprêtait à allumer une cigarette, lorsque La Soupe lui coula doucement dans l'oreille, d'un ton impératif: On ne fume pas ici, le tabac nous dérange. Mauri avait compris: On n'fu'ci l'ta n'd'ange, et, resaisissant une pensée fugitive, il demanda à la Pondeuse:

— Suis-moi bien, je la tiens, cette fois. Tu m'écoutes: L'hipp s'app diff. Comprends-tu?

— Rien du tout.

— Cela veut dire : l'hippopotame s'apprivoise difficilement. C'est très compréhensible. On pourrait de la sorte abréger tous les mots et imprimer à la conversation un mouvement de rotation qui ferait très bien à une époque où l'on est pressé de naître, de vivre et de mourir. L'hipp s'app diff.

— Et comment abrégerais-tu ceci : le ciel n'est pas plus pur que le fond de mon cœur ?

— Aux mots d'une syllabe, évidemment mon système ne peut s'appliquer. D'ailleurs, je creuserai la question.

Et pendant deux longs jours, il piocha fiévreusement les ouvrages de de Brosses, B. Tylor, Herbert Spencer ; il remonta à l'origine du langage, à la formation des premiers vocables, étudia ou plutôt essaya d'étudier la relation existant entre les interjections et les mots imitatifs des différents peuples ; il fut heureux de découvrir que les japonais

appelaient leurs mères *caca* et que, primitivement, l'homme émettait de simples cris pour
traduire ses émotions, comme le chimpanzé.
Il en conclut banalement que le genre humain
n'est qu'une famille de singes civilisés.

Il s'était loué un petit appartement à un
cinquième de la rue Campagne-Première.
De son cabinet de travail, il plongeait dans le
dépôt des voitures de place, un vaste immeuble avec cour intérieure dans laquelle, le matin, vers cinq heures, on n'apercevait que les
dessus des fiacres soigneusement alignés.
Ceux-ci étaient compacts, ils se touchaient
presque, les brancards relevés ; et quand,
après le nettoyage, on les remuait pour l'atte-
lage, ils ressemblaient, vus de haut, à de
grosses punaises ou à de gros crabes noirs en
grouillance.

Un jour, Mauri remarqua un cocher qui le
saluait en agitant son mouchoir ; le lendemain, le même manège recommença ; à l'aide

de jumelles, Noirof reconnut Pancrace. Il descendit en hâte, car Pancrace lui était sympathique ; il faillit se faire écraser à la porte du dépôt par un omnibus du chemin de fer, et s'aventura dans le dédale des véhicules. La cour puait l'urine et le crottin dans lesquels on piétinait; d'abord, l'odeur prenait à la gorge, mais elle paraissait exquise quand on y était habitué, et l'imagination aidant, donnait l'illusion d'un patchouli musqué, ou d'un musc patchouliqué ; ou plutôt, donnait l'illusion de l'odeur d'une femme du demi-monde esquintée par les luttes de l'amour et fraîchement imprégnée des multiples senteurs de son boudoir ; ou mieux encore, donnait l'illusion de l'odeur d'une femme très honnête, célibataire, vierge, jalouse, méchante, fumant du tabac d'Orient et mettant de l'eau de Cologne et du lubin dans son linge. Dès que Pancrace aperçut Mauri, il leva les bras en croix et accourut vers lui :

— Vous ne lisez donc pas les journaux? On n'y parle que de votre disparition depuis trois jours. Il paraît que vous êtes perdu! Qu'est-ce que vous devenez?

— Ah, mon cher, les affaires, les affaires! Je ne fais rien, je traverse une période d'incubation. Je me couve. — Dites-moi donc, j'ai fort envie de louer un coupé à l'année...

— Gardez-vous en bien, interrompit l'autre dans la prunelle vert-épinard duquel se dressait déjà le fantôme de Pourboire-Agonisant, le coupé à l'année est une supercherie. Prenez-moi plutôt à votre service; la guimbarde est bonne, et la bête aussi. Je connais Paris par cœur, et il est fort rare qu'un accident m'arrive. Depuis que j'exerce, j'ai seulement écrabouillé six chiens, trois femmes, deux hommes et quatre petits enfants à la mamelle. Vous voyez que c'est peu étant donné la population du globe terrestre.

Mauri caressait le cheval de Pancrace et lui

ouvrait la bouche pour voir son âge. Il dit :

— Quel dommage que l'on ne puisse pas,
de cette façon, connaître l'âge des femmes !
Il suffirait de les faire bailler !

— Ah, le gonze poilu, il est rien rigou-
gnard ! s'écria un cocher qui attelait derrière
lui.

— Si nous jouions un zanzi ?

Chez le chand de vin du coin, ils firent rouler les dés sur le zinc. Mauri, qui avait horreur du vin, payait, sans boire, d'intermina-
bles tournées aux cochers et palefreniers qui
lui tapaient sur le ventre ; ils étaient là une
quinzaine au moins, se mettant en train par
des répétitions de petit blanc, fumant, en se
dandinant, des cigares de deux sous, toujours
sur le compte du gonze poilu, ainsi qu'ils appelaient Mauri. Celui-ci, levé au pied levé, tout
dépoitraillé, arborait une chemise de nuit en
soie rouge couleur joue de jeune fille sage
surprise par un sergot à renouer sa jarretière

dans un endroit public, un pantalon de velours noir et une jaquette blanche. Un peu égaré parmi ce monde étrange, il se cramponnait au bras de Pancrace qui se saoûlait peu à peu. A son dixième verre, Pancrace eut une idée lumineuse, il proposa de faire venir un joueur d'accordéon et de pincer un rigodon tous ensemble. A six heures du matin, cela serait rigolo. Tout le monde approuva. Mais on ne trouva pas de musicien. Alors, du groupe des buveurs, se détacha un petit homme très laid, à la gueule de travers, un artiste en taloches. Il était l'inventeur d'une musique spéciale, il interprétait n'importe quel morceau d'opéra en se frappant de grands coups sur les joues. Celles-ci, à force d'être battues, étaient devenues blettes et bleues, en raison des tuméfactions qui n'avaient pas le temps de se guérir; et quand le vieux bonhomme leur envoyait des horions formidables, il semblait qu'elles allaient se détacher.

Il obtint un succès fou. Il joua l'air du *Pied
qui remue* ainsi qu'une valse portant un
titre fabuleux : *De l'influence des courants d'air
sur le mouvement rotatoire des gallinacés.*

On avait reculé les tables et les chaises contre le mur ; le musicien était monté sur un
petit banc de dame, il s'y maintenait difficilement en équilibre, ce qui lui donnait l'attitude
d'un poussah ; les compagnons du fouet gigot-
taient, ils ne dansaient pas en mesure, et faisaient un vacarme stupéfiant avec leurs grosses
bottes, leurs sabots, et leurs voix faussées par
l'effet d'une ivresse improvisée. Tous ces gens-
là se donnaient beaucoup de peine pour se
persuader qu'ils ne s'embêtaient pas. Et
comme ils crevaient de faim, ils se firent ser-
vir à déjeuner, pas grand chose, du poulet,
du bœuf froid, et du fromage. Quelqu'un prononça le mot de champagne, et Noirof en
commanda tout de suite. Il changea d'accoutrement avec Pancrace ; en un clin d'œil, il fut

métamorphosé en cocher, et le succès qu'il obtint ainsi lui procura un délicieux gargouillis dans le cœur. Tout à coup, trois femmes firent irruption dans la salle ; c'était la Pondeuse avec deux de ses amies, qui avaient vadrouillé toute la nuit à Montrouge. Elles apportaient, attaché par une ficelle, un vieux chat crevé, puant, glaireux, véreux, trouvé dans un ruisseau à trois heures ou plutôt à trois heures dix-huit minutes du matin. Les femmes étaient pochardes, et pour s'amuser, faisaient mine de vouloir lancer le chat à la tête de quelqu'un ; et la plaisanterie était très goûtée par tout le monde.

— Qu'on le mette en gibelotte, il est faisandé à point ! ·

Mais le vieux, l'artiste en giffles, protesta ; il valait mieux le manger cru. Lorsqu'on lui demanda le morceau qu'il préférait, il répondit, d'une voix aussi blette que ses joues :

— La partie innommable.

Et comme on croyait à une plaisanterie :

— Parfaitement, la partie innommable ! C'est ce qu'il y a de meilleur dans les bêtes, et surtout dans le chat, et surtout dans le chat crevé, et surtout dans le chat crevé rongé par les vers. Oh, manger ce morceau ! n'en pas manger !

Il fut décidé que l'on jouerait à pile ou face pour voir celle des trois femmes qui procéderait à l'ablation de la chose en question ; une pièce de deux francs fut jetée en l'air, et le sort désigna la Pondeuse. Mais la pièce étant reconnue fausse, on recommença l'épreuve . cette fois encore, ce fut la Pondeuse que le sort choisit. On apporta, sur un plat d'étain, un énorme couteau de boucher, très affilé ; la charogne fut déposée par terre entre quatre chandelles allumées ; on fit cercle autour, les coupes de champagne se levèrent en même temps, tandis qu'un chant pieux fut entonné à l'unisson :

C'est le mois de Marie
C'est le mois le moins laid.

Alors la Pondeuse s'approcha, avec, d'une main, une larme dans les yeux, et le glaive dans l'autre. Il n'y avait rien à couper. Un fer chatricide avait eunuquisé la pauvre bête dès sa plus tendre enfance.

— Que l'on me donne la queue, un bout, un tout petit bout de cinquante centimètres, pas plus.

Et le poussah le dévora, bien qu'il fût plein d'asticots. Un cocher, que cette scène avait rendu malade, dégobilla dans un coin ; son voisin fit comme lui, et en moins de vingt à vingt trois secondes, il y eut un vomissement général chez le marchand de vins. Une odeur de cadavre et de boisson non digérée empua le cabaret. On n'entendait que des hoquets d'ivresse, la chute des liquides non assimilés, et des pets lâchés très inconsciemment. Le patron, la patronne, le garçon et la servante

rendaient également, par leurs orifices buc-
caux, tout ce qu'ils avaient dans l'estomac.
Seul, toujours debout sur son petit banc, l'artiste triomphait ; il mâchonnait lentement ; les
vers lui dégoulinaient du coin des lèvres, il les
rattrapait avec empressement et les remâchait
avec amour. Et lorsqu'il eut terminé ce dia-
bolique repas, il régala la société d'un morceau de musique funèbre, un *de profundis*
bien appliqué sur les joues. On fit disparaître le
chat, il y eut un moment de détente, chacun
se regarda. Mon Dieu, que l'on avait l'air bête !

Pancrace, un peu dégrisé, dit à Noirof :

— Parfaitement, tous les journaux ne par-
lent que de ça. Il faut aller voir votre mère.

Et ils partirent immédiatement. Noirof,
toujours déguisé en cocher, conduisait lui-
même un fiacre, le reste de la bande suivait
dans quatorze voitures qui brûlaient le pavé.
Lorsque ce défilé arriva rue de Presbourg, le
quartier fut en émoi, on crut à une descente

de justice. Madame de Noirof regardait par la
fenêtre et ne reconnut pas d'abord son fils dans
le cocher qui gravissait le perron en lui en-
voyant des baisers. Mais il lui fallut se rendre
à l'évidence lorsque la porte de sa chambre
s'ouvrit impétueusement et que le fruit de ses en-
trailles lui apparut saturé de toute sa splendeur.

— Ah, mon enfant, comme tu pues ! Et
cet accoutrement ! Que deviens-tu ? Depuis un
mois, tu ne te montres plus. J'ai été inquiète, je
me suis adressée à la préfecture. Qu'est-ce que
tu es allé faire à Valence ?

— A Valence !

Et elle lui montra un rapport de la préfecture où l'on mentionnait son passage à Valence
quinze jours auparavant.

— Et avec une femme, encore ! Et une
femme corpulente ! Est-ce Dieu possible ! Toi,
si sage !

L'autre protesta, le rapport était faux. Il n'a-
vait pas quitté Paris.

— Tu peux demander à la Pondeuse, elle est justement là. J'ai couché avec elle pendant je ne sais combien de jours ; puis, j'ai couché avec la grande noire, du Marais ; puis, j'ai couché avec Gigitte.

Et il compta sur les doigts : il avait couché avec quatre-vingt-deux femmes, en un mois ! Sa mère ravie, l'écoutait en buvant ses paroles :

— Tu dois faire erreur, Mauri, pense donc, quatre-vingt-deux femmes !

Il recommença ses calculs, et il en trouva quatre-vingt-dix-huit et demie.

— Enfin, dit-il, à cinquante près, je suis d'accord avec moi-même.

Elle lui prit les mains, le regarda dans les yeux, et le repoussa.

— Si tu me trompes, prends garde à toi. Je t'adore, parce que tu ne ressembles en rien aux autres hommes. Tu es un déséquilibré, tu ne comprends pas la supériorité de ton es-

sence. Ressembler au commun des mortels est
une ironie. Souviens-toi d'une chose, c'est que
la vie n'est qu'une Sensation, et elle doit être
une Sensation Extraordinaire. Il n'y a pas d'au-
delà. L'âme n'est que le ferment de la matière.
Va, tu me troubles. Tu me rends heureuse.

Et elle aussi le troublait ; et elle aussi, le
rendait heureux. Leurs regards et leurs âmes
se fusionnèrent ; dans le silence de cet appartement rococo, encombré de faux vieux meubles et de fausses nouvelles faïences, une seule
chose se sincérisait : la passion secrète qu'ils
éprouvaient l'un pour l'autre. Et lorsque Mauri
rejoignit son escorte, il fit avec raison cette
amère réflexion que la Divinité elle-même,
malgré son essence suprême, ne serait jamais
l'égale de l'humanité, puisque, en sa qualité
de bâtard non reconnu, Dieu ne pouvait se
permettre de devenir jamais l'amant de sa
mère.

IV

Il y avait fête, ce soir-là, chez le duc de la Croix de Berny. Au bas de chacune des deux cents invitations lancées, on lisait : « L'évêque de Djurdjura sera présent. On dansera. »

L'évêque de Djurdjura, si sympathique aux femmes, aimait à quitter deux ou trois fois par an le ciel inclément de l'Afrique afin de venir se retremper dans quelques petites débauches à Paris. Il défrayait les conversations du monde par sa liaison avec madame Perle, une cocotte de haute marque très influente à la cour chrétienne de Rome et qui était allée à différentes reprises baiser la mule du pape pour obtenir de l'avancement en faveur de son prélat favori. On assurait, au Vatican, que le Saint Père, bien qu'il se brownséquardât, était très affaibli à la fin de chacune des audiences accordées à madame Perle, et ces racontars ne manquaient jamais de distiller un peu de jalousie dans le cœur de l'évêque de Djurdjura.

— Tu me trompes avec Léon XIII !

— Mais tais-toi donc, monseigneur, je déblaye le terrain pour que tu deviennes pape.

L'hôtel du duc de la Croix de Berny, situé boulevard Saint-Germain, est un bâtiment en forme de théâtre ou plutôt de cirque. Par une longue entrée couverte, située dans un jardin, on accède au somptueux escalier qui fut foulé aux pieds par une infinité de majestés, de sires, de reines et de femmes de mauvaise vie. Le premier étage se compose d'une série de salons qui perdent un peu de leur luxe tous

les ans, car leur propriétaire, toujours mal-
heureux au jeu, solde ses dettes les plus criar-
des en abandonnant à ses créanciers quelques
tableaux ou meubles de prix. Lorsqu'il y a ré-
ception, on bouche les trous ainsi pratiqués au
moyen de fleurs et de plantes rares, prêtées
par les serres de l'État. Au-dessus des salons,
se trouve la salle de spectacle, très vaste, co-
piée exactement sur celle de l'Alhambra, d'a-
près les documents de la ville de Grenade.
Violet-le-Duc et Garnier ont collaboré secrète-
ment à la construction de ce théâtre, un des
plus beaux que l'on connaisse. Il a coûté près
de huit millions au duc de la Croix de Berny.
Le roi de Bavière, son ami, est venu lui-même
en essayer un jour l'acoustique et, mécontent,
à fait remplacer le plafond, primitivement
sculpté, par un autre en or battu. Le plafond
mesure vingt-cinq mètres de diamètre. Il est
soutenu par quatre piliers d'une seule pièce
en marbre noir, incrusté d'or et d'escarbou-

cles. Le parquet n'est qu'une immense glace
de Venise ; lorsque les femmes marchent dessus, il ne leur est pas difficile de s'expliquer
pourquoi les hommes ont constamment les
yeux baissés, ils cherchent à explorer leurs
dessous. De chaque côté de la salle, sur des
piédestaux en ivoire sculpté, s'alignent des
statues que l'on enlève les jours de fête, et les
murs sont tapissés d'étoffes en or broché,
constellées de rubis. Un salon précède l'entrée
du théâtre, il est entouré d'une cymaise qui
supporte en temps ordinaire un fouillis de
bronzes rares ; on enlève ces bronzes les jours
de fête.

Lorsque l'évêque de Djurdjura fit son entrée,
une musique invisible entonna la Marseillaise,
et une débauche de lumière électrique inonda
des groupes de femmes nues qui remplaçaient
les bronzes de la cymaise. Elles étaient immo-
biles comme des marbres. Et de ces corps
blancs animés se détachait, par-ci par-là, la

note sombre d'un chien ou d'un éléphant vi-
vants, posés chacun sur son socle, aussi im-
mobiles que les femmes, et que le duc avait
éduqués spécialement *pour ce genre d'exer-
cice*. L'étalage de cette chair humaine et ani-
male fut un des clous de la soirée ; elle pro-
voqua un frisson d'admiration générale, et
l'évêque en rigola comme une petite folle. Il
était soûl, ayant bu outre mesure au dîner de
madame Perle, un dîner qui n'avait coûté que
la bagatelle de quatre-vingt mille francs pour
dix convives. Des ministres, des sénateurs, des
aristocrates mâles et femelles, tous d'humeur
un peu guillerette, avaient répondu à l'invita-
tion du duc de la Croix de Berny, et c'est avec
des mouvements titubatoires qu'ils pénétrèrent
dans la salle de spectacle où, de nouveau,
sur les piédestaux en ivoire sculpté, se te-
naient des statues vivantes. L'évêque tâtait les
mollets de l'une d'elles, un très joli modèle du
quartier Montparnasse, appelé Philomène.

Philomène, peu sérieuse, figurait une diane chasseresse ; lorsqu'elle sentit l'attouchement sacré dont elle était l'objet, elle ne put retenir un éclat de rire fou, et elle fit pipi sur la main de Monseigneur. Au même moment, le superbe danois sur la tête duquel elle s'appuyait leva la queue et commit une crotte monstrueuse. L'évêque bénit ces déjections et s'en alla prendre place au premier rang des fauteuils d'orchestre, au milieu d'un tonnerre d'applaudissements.

Le spectacle se composait d'un opéra inédit en un acte, les *Yeux de Desdémone*. Un seigneur du Moyen-âge, Burgunde, ayant ouï parler d'une princesse très jolie qui habitait bien loin, bien loin, dans un castel inaccessible, prend la résolution de se mettre en campagne pour l'aller voir. La légende rapporte que tous ceux qui ont fait ce voyage n'en sont jamais revenus ; un seul regard de la princesse produit sur les hommes une mortelle commotion. Mais le diable est apparu à Burgunde, celui-ci lui donne la moitié de son âme, moyennant quoi Satan lui promet de le ramener sain et sauf dans ses terres. Le pacte est signé sur le dos d'un crapaud, en lettres de sang ; ce sang est tiré des veines d'une sorcière de quatre-vingt-dix-neuf ans, qui a trois furoncles à la fesse gauche, trois furoncles à la fesse droite, un nez en forme de truelle, des pieds en forme de doigts, des mains en forme de pieds, et des oreilles en forme de mains. Burgunde part avec le diable, il est gêné de n'être plus qu'à moitié vivant, il s'en repent amèrement.

— La vue de cette princesse vaut mieux que la moitié de la vie, lui objecte Belzébuth.

— Mais je suis à moitié mort, lui réplique Burgunde, et la perspective d'une existence aussi biscornue n'a rien de plaisant.

Ils arrivent au château de la princesse. Le seigneur la regarde, il reconnaît sa femme,

une affreuse mégère qui l'a quitté pour se lancer dans une série d'aventures plus amoureuses les unes que les autres, et qui le cocufie
sur le champ avec son infernal compagnon. Il
s'en revient tout penaud, rencontre le crapaud,
l'écrase du pied, et meurt.

Sur ce livret baroque, une dame du monde,
musicienne de beaucoup de talent, avait im-
provisé de très mauvaise musique, et les vers,
dus à la plume d'un de nos plus célèbres aca-
démiciens, étaient plus médiocres encore; mais
l'intérêt résidait tout entier dans le ballet, inter-
prété par des danseuses toutes nues. Le duc
l'avait réglé lui-même, et il s'y était réservé un
rôle de coryphée qu'il enleva bancalement. Il
apparut en habit rouge avec tutu et jupe de
tarlatane jaune parsemée de roses naturelles;
il envoyait des baisers aux quatre points cardinaux; il souriait comme un homme constipé.
Chacun le trouva très inférieur et l'applaudit
frénétiquement.

Mauri de Noirof disait à sa mère :

— Elle est très bien, cette petite gonzesse. Elle a paru scandalisée pendant toute la représentation. C'est une personne bien élevée.

— Veux-tu que je te présente ?

— Avec plaisir.

Elle s'appelait Hermine Israël. Les Noirof et les Israël se connaissaient, parce qu'ils se rencontraient depuis longtemps et très souvent chez un marchand d'antiquités de la rue Férou. Hermine avait vingt-huit ans. Une fille archipotelée, pas belle ni jolie, rouge, brune, lés lèvres sensuelles et des yeux d'une douceur d'agneau. Son père, un des plus importants marchands de reconnaissances du Mont de Piété de Paris, était mort, et elle demeurait avec sa mère, dans un petit entresol du boulevard Saint-Germain. Les Israël vivaient sur un pied de cent mille livres de rente.

— Et la petite doit, de plus, hériter de deux ou trois cent mille francs d'une vieille tante, ajouta Madame de Noirof lorsque les autres eurent le dos tourné.

— A-t-elle encore son pucelage, au moins ?

— Ah ! tu comprends bien que je n'y ai pas fourré le nez ! D'ailleurs, le pucelage est une quantité négligeable chez une jeune fille riche.

— Au reste, je te pose là une question très bête ; elle l'a encore, j'ai remarqué ça à l'indéfini de ses yeux, et à l'engorgement de sa voix. Quand une jeune fille regarde et parle mal, c'est qu'elle est encore vierge.

Le monde s'écoulait peu à peu et se répandait dans les salons du premier étage. Seuls, quelques messieurs très vieux et très décorés s'attardaient auprès des statues. L'évêque aborda la mère de Mauri.

— Alors, madame, je puis vous inscrire pour deux cent mille francs? C'est parfait. Puisque votre fils est ingénieur, qu'il vienne donc voir les filons.

Hermine pensait :

— Il est très distingué, ce jeune homme, mais il louche quand il regarde sa mère !

Et Mauri était devenu rêveur. Appuyé dans un coin de salon, il songeait à la stupidité humaine, à la loi universelle de l'hypocrisie. Tous les invités du duc de la Croix de Berny avaient l'air contents d'eux-mêmes ; cela n'était pas vrai. L'homme véritablement heureux est celui à qui l'on a vidé le cerveau, coupé les jambes, les mains, les oreilles, arraché les yeux, et défoncé le palais. Il ne sent plus, il ne pense plus, il s'animalise, il est hors du monde. Que l'on choisisse une bête humaine, n'importe laquelle ; en la tâtant, on est certain d'y remarquer au moins une tare, et cette tare est l'exhalaison, le produit, le ferment d'une décomposition de la conscience. Le sourire est toujours hideux, parce qu'il est le masque d'une tare. Mauri souffrait, il ressentait des coups de marteau dans la tête, et la proximité de ses semblables le mettait mal à l'aise ; il avait horreur de la foule, le fluide humain lui portait sur les nerfs, il allait partir, lorsque Madame Perle vint le secouer par le bras.

— Eh bien, jeune homme, on s'amuse ferme, n'est-ce pas ? Est-ce que vous auriez encore fumé, par hasard ? Vous savez que l'on danse chez moi tous les samedis. Quand vous n'êtes pas là, rien ne va. Comprenez ?

— J'irai samedi, madame. A propos, dites-moi donc, que signifient les deux cent mille francs auxquels l'évêque faisait allusion, tout à l'heure ?

— Ah, oui, c'est pour la fondation de la basilique de Montmartre.

Cette réponse stupéfia de Noirof. Deux cent mille francs pour la fondation d'une église ! Mais sa mère devenait folle, elle allait se trouver sur la paille. L'accident du chemin de fer avait rapporté quatre cent mille francs, il ne devait plus rester grand chose.

— Il n'en reste plus rien, lui déclara-t-elle

lorsqu'ils furent sortis. Je n'ai plus eu de nouvelles de l'homme au nez de chameau, il m'a escroqué cinquante mille francs. Et toi, est-ce que tu fais des affaires avec tes bouquins?

— Des affaires? Ma parole, tu as raison, j'avais complètement oublié cette machine-là. J'irai demain. Je fais un nœud à mon mouchoir pour m'en ressouvenir. Enfin, je suppose que ça marche. Mais pour l'amour de cette vieille taupe d'être suprême qui s'appelle Dieu et qui doit passer son temps à faire des cochonneries avec les femmes qui vont au paradis, comment vas-tu vivre?

—En te mariant, mon ami. Tu épouseras Hermine, nous pourrons ainsi nous la couler douce.

— Nous la couler douce! C'est facile à dire, mais il ne faudrait pas tout de même jeter des deux cent mille francs dans toutes les basiliques de France et de Navarre!

—Il ne s'agit pas de basilique, Madame Perle a confondu. L'évêque de Djurdjura monte une affaire colossale, l'exploitation des mines d'argent de Monte-Rubio. Il lui faut trois millions; il vient d'en trouver quatre. Le surplus, il le donne à la basilique de Montmartre. Cet homme-là est très fort; il deviendra pape un jour. On a tout à gagner en se montrant aimable avec lui.

Le lendemain, Mauri sonnait à la porte du directeur de la librairie du Marais. La porte resta close. Son associé avait levé le pied en oubliant de laisser son adresse.

Il fut plus heureux chez les Israël. La mère de mademoiselle Hermine le reçut à bras ouverts.

— Elle est absente, mais elle va rentrer. Vous la connaissez, n'est-ce pas? C'est une si charmante enfant.

Et elle lui montra une broderie exécutée par ses propres mains.

— Elle est travailleuse comme pas deux, comme pas une. Voulez-vous que je vous fasse voir ses ancêtres?

Et elle le fit passer dans un salon tout plein de peintures qu'elle énuméra avec une fêlure dans la voix. Il y avait des têtes de juifs en masse, des oncles, des grands-pères, des chiens de bisaïeuls, des chevaux de beaux-frères, des chats de nièces. Et elle poussa un soupir profondément émotionnel en s'arrêtant devant une grande toile ovale :

— Voici le portrait de ma fille. Son eau-de-vie est devant elle...

— Son eau-de-vie ?

Oui, c'en était. Lorsque Hermine avait posé, elle souffrait légèrement d'une névralgie, et dans le but de calmer ses douleurs, elle se récurait la bouche avec du cognac. L'artiste n'avait rien oublié ; huit jours durant, il s'était crevé les yeux à reproduire les fils de coton de la robe coloriée de la jeune fille.

— Vous voyez, il y a des fils rouges, bleus, verts et blancs. Les rouges et les verts sont verticaux, les autres sont horizontaux. Le vert passe sous le bleu et sur le blanc ; le blanc passe sous le vert et sur le rouge. C'est frappant de ressemblance. Et de l'air, hein, y en a-t-il !

— Oui, mais ça manque d'embu.

— Vous croyez ?

Hermine entra. Elle aussi, trouva que ça manquait d'embu. Et ce mot leur suggéra l'idée de boire un coup.

Mauri examinait sa future femme. Dieu, qu'elle était grosse ! Jamais il ne se déciderait à en faire sa moitié, lui qui voulait un juste milieu ! Ce qu'une pareille femme devait tenir de place dans la vie d'un homme ! Assise dans son fauteuil, ramassée sur elle-même, elle se fourrait machinalement un doigt potelé dans le nez et en retirait des filaments de roupie qu'elle pétrissait en boulettes. Ensuite, elle mangeait ces boulettes. Mauri en compta dix-sept, qu'elle huma ainsi, à la file, d'une façon charmante. Une femme d'ordre, quoi, qui ne laissait rien perdre. Et elle buvait sec, se ver-

sait des rasades de Kummel et de Chartreuse,
parce qu'elle ressentait encore un peu de four-
millement à la molaire droite supérieure, ou
plutôt inférieure, elle ne savait plus au juste;
enfin, c'était du côté droit. Elle contait sa visite
à sa modiste pour un retapage de trottin, puis
à son marchand de parapluies, pour un chan-
gement de manche à son en-tout-cas. Elle
avait le parler un peu gnan gnan. Souvent,
lorsqu'elle reprenait sa respiration, elle passait sa langue dehors, comme une petite ga-
mine qui récite une leçon de catéchisme.

Le mariage fut arrêté pour les premiers
jours d'octobre. Hermine apporterait en dot
sept cent mille francs en billets de banque;
Mauri n'apporterait rien, mais sa mère lui
meublerait son appartement et l'on tâcherait,
en attendant, *de lui trouver quelque chose.*
D'ailleurs, il devait aller s'assurer de l'existence des filons d'argent à Monte-Rubio. Cela
lui ferait toujours une occupation.

V

Une crise nouvelle l'assaillit.

Il eut un jour la vision nette d'une montagne de carpes vivantes, du haut de laquelle il envoyait ses bénédictions à une multitude de crocodiles repus d'êtres humains. Un vœu macabre s'était réalisé : son association avec Dieu, dans le but d'exterminer, par un poison électriquement assimilable, tous les habitants de la terre. Lui seul survivait au décès général, s'enivrant ainsi de l'unique volupté de tout homme qui professe un profond dégoût pour ses semblables : mourir le Dernier.

Il était donc allé voir Dieu. Celui-ci prenait un bain de pieds lorsque Mauri frappa à la porte du paradis.

— Entrez, lui cria-t-on.

Il poussa une porte invisible et tomba dans les bras d'un homme très jeune qui lui dit :

— Mon brave, je t'attendais, je sais pourquoi tu viens. Nous allons leur arranger leur affaire..

— Est-ce que vous êtes le bon Dieu ? lui demanda Mauri.

— Assurément, lui répondit l'autre ; cela t'étonne, n'est-ce pas, de ne pas voir en moi le vieux gâteux ratatiné que se plaisent à représenter les médiocres gravures de vos missels et de vos livres d'heures ? Que veux-tu... Que veux-tu, je me rajeunis quand ça me plaît. Tu permets, n'est-ce pas, que j'ôte le caca qui m'endeuille le gros orteil droit. Je suis à toi dans une minute. Ah ! mon cher, quelle noce je viens de faire avec les séraphines! une noce qui a duré sept cents ans! Quelle biturée! Vous n'avez pas idée de ça, vous autres, vous vivez là-bas comme des pékins. Lorsqu'il vous arrive de godailler une seule nuit, vous avez mal aux cheveux le lendemain.

Après un moment de silence :

— Mon cher, mon paradis est un vrai bordel, je suis désespéré, c'est pire que le théâtre de Bordenave; autrefois, les Vierges étaient toujours prosternées à mes pieds; aujourd'hui, elles se fichent de moi, elles me font des queues. Il y en a même qui ne veulent plus coucher avec moi, elles préfèrent des vieux, comme ce cochon de Saint-Pierre et cette fripouille de Jésus-Christ. Encore un qui a mal tourné, Jésus-Christ. Il vieillit abominablement; c'est un fils ingrat. Je le foutrai un jour à la porte, nom de Moi.

Il continua de bougonner encore pendant quelques instants; puis, quand il eut fini de se curer les doigts de pied, il prit Mauri par le bras.

— Je vais te montrer quelque chose de bien curieux, c'est une collection d'âmes.

Il détacha de l'espace un panneau qui pouvait mesurer cinq ou six milliards de myriamètres carrés, entièrement taché de petits points noirs, très laids.

— Tu vois, elles se ressemblent toutes. Est-ce assez amusant! Ce que ça rotira un jour dans l'enfer! J'ai sept ou huit cent millions de panneaux semblables entièrement remplis d'âmes damnées. Remarque que tout cela est en ordre, il n'y aura pas de confusion possible plus tard.

Il donna à Mauri une lunette d'approche d'une puissance moyenne, et il lui fit regarder la terre: celle-ci apparaissait comme un fumier grouillant de vermine, comme une boulette de moisissure.

— J'ai commis une grosse sottise en créant votre planète; elle me donne plus de mal que le reste du Fini. Ah! vous n'avez pas été malins, vous avez mal conduit votre barque. Votre civilisation est stupide, je vous laisse faire, parce que cela m'amuse, mais voyez donc comme vous êtes bornés ! Vous savez que la multiplicité des lois est un des signes flagrants de la décadence d'un peuple, et vos hommes politiques en créent de nouvelles tous les jours. Et quelle discordance dans vos codes ! Si j'avais peuplé la lune, ses habitants n'auraient pas été aussi cons que vous. L'homme me dégoûte, parce qu'il a tourné trop tôt à la gélatine.

— Mais où est donc l'enfer ? lui demanda Mauri.

— Là-bas, à gauche, à deux quintillions de lieues environ ; veux-tu y venir ?

— Merci bien. Et le purgatoire ?

— Ah, ça, c'est une invention de votre Sainte Mère l'Eglise. Je puis te le confier, puisque bientôt tu seras le seul survivant de ta race. Sais-tu que je te dois une fameuse chandelle, à toi ; j'allais me fourvoyer dans une voie stupide, j'avais promis à la sœur de Jésus-Christ de rigoler avec elle pendant dix mille ans. (Il faut te dire que la sœur de Jésus-Christ est une personne de très bonne famille, un peu bécasse, mais dont on fera quelque chose.) Elle était venue chez moi, nous avions pris la goutte ensemble, et elle m'avait décidé, cette bougresse-là, à devenir son marlou pour une période de deux mille lustres, lorsque je t'ai entendu dire à ta mère, en sortant du bal du duc de la Croix de Berny, que je faisais des saloperies avec les femmes du Ciel. Tu comprends, ça me l'a coupé! Je n'aime pas qu'on me dise mes vérités.

Une larme, grosse comme mille fois l'Océan, coula de son œil gauche; une autre larme, grosse comme dix mille fois mille fois l'Océan, coula de son œil droit; un sanglot, bruyant comme une salve d'ensemble de neuf cent quatre-vingt-dix-neuf milliards de canons, souleva sa poitrine. Il dit à Mauri :

— Tu m'as ramené dans le chemin de la vertu, tu m'as fait de la peine, c'est le restant du genre humain qui payera les pots cassés.

En ce moment tous les hommes mangeaient. Avec une adresse aussi remarquable que celle d'un adolescent qui plonge un stylet dans le cœur de sa sœur bien aimée, Dieu fit déposer, dans leurs nourritures, une étincelle électrique surchargée d'acide prussique, et instantanément....., le Ciel fut envahi par une nuée d'âmes excessivement noires. Des crocodiles surgirent de toutes parts, ils avalèrent les cadavres, et c'est du haut d'une montagne de carpes vivantes que Mauri jouit d'un spectacle véritablement grandiose. Un voile de pourpre flottait dans l'espace, strié de lamelles de consciences pures; les quatre coins du voile étaient tenus par des anges nus, transparents, cependant que la terre se dissolvait et que l'orchestre divin exécutait la marche triomphale suivante :

LA FIN DE LA CHAIR (1)

Musique de DIEU.   Paroles du VERBE.

(1) *Premier alto*, Saint-Symphorien.
Troisième violon, Saint-Paul.
Cymbales, Jésus-Christ.
Pédales, Sainte-Cécile.

Lorsque Mauri s'éveilla, sa surprise de se retrouver incorporel fut extrême, et ce n'est qu'après un labeur pénible de l'esprit qu'il parvint à se reconnaître. Le train filait à toute vitesse ; où le conduisait-il ? Ce devait être en Espagne, pour la constatation des gisements d'argent. Il ne se souvenait plus. Il ne se comprenait pas. Il se tâta et l'endolorissement général de son corps lui arracha des gémissements. Tout l'étonna, son compartiment, le bruit du convoi, la nuit, les étoiles, la trépidation du véhicule. Il regarda : tout lui paraissait nouveau, même ses mains, même ses jambes, même ses pieds. Il se demanda : D'où viens-je ? Qui suis-je ? et il ne put répondre à aucune de ses questions. Un travail étrange s'opérait en lui ; sa gorge sèche le faisait bâiller, et une surabondance de vie menaçait de le faire éclater en fragments. Et une très vague conscience de soi-même le persuada qu'il se différenciait beaucoup de ses semblables.

Une déconvenue l'attendait à Monte-Rubio,
la trace des filons d'argent était perdue ; en
vérité, l'évêque de Djurdjura, de complicité
avec un faux bonhomme d'État espagnol, avait
soutiré quelques millions dans l'entourage du
duc de la Croix de Berny pour, d'accord avec
celui-ci, fonder à Paris des maisons de tolé-
rance à l'usage des ecclésiastiques. Mauri s'en
revint, joyeux de l'effondrement de la fortune
de sa mère. Il est des événements douloureux
qui nous comblent d'allégresse. Madame de
Noirof apprit la nouvelle avec un vif étonnement mitigé d'admiration. Elle dit à son fils :

— Que veux-tu, c'est la destinée, un jour
viendra peut-être où nous serons plus heureux.

Machinalement, Mauri fit sa cour à mademoiselle Hermine. Il arrivait boulevard Saint-Germain dans un coupé splendide, conduit par Pancrace ; chaque fois, il apportait des fleurs et trouvait la jeune fille attablée, entre un petit flacon

de liqueur et un paquet de cigarettes; elle buvait et fumait pour se raffermir les gencives; chaque fois, le jeune homme la trouvait de plus en plus tassée sur elle-même, il lui semblait qu'elle se rapetissait peu à peu, gagnant en rondeur ce qu'elle perdait en hauteur. Elle se pesait fréquemment, et constatait que la résultante de toutes les actions que la pesanteur exerçait sur son corps augmentait quotidiennement. Elle avait toujours soin de se rendre à la garde-robe avant de se placer sur la bascule, dans le but d'obtenir un poids plus net.

L'action contraire se produisait chez Noirof; il maigrissait et grandissait; un prurit de mouvement le harcelait, il ne pouvait demeurer en place. La marche lui faisait horreur, il abominait les gens qui ne se faisaient pas transbahuter en sapin. Comme conséquence logique, il plaçait les chevaux et les cochers dans son cœur. Il saluait un train, et l'idée que l'on parviendrait un jour à faire le tour du monde en une seconde, le laissait rêveur. Comme sa mémoire le servait mal, il annotait un tas de choses sur un petit calepin. Ce jour-là, il y inscrivit le mot : pneumatique.

On l'avait chargé du soin de choisir l'appartement qu'il devait occuper avec sa jeune femme, aussitôt le voyage de noces accompli. Mauri en arrêta un au sixième de la rue de Rennes. Hermine se récria : au sixième ! Y avait-il un ascenseur, au moins ? Non, il n'y en avait pas.

— Ma fille est une charmante personne, mais elle est paresseuse : gravir un sixième, pour elle, c'est toute une affaire. Enfin, puisque c'est arrêté ! C'est égal…, un peu trop haut…, trouvez-pas ?

— Pas du tout. J'adore escalader les étages, moi. D'ailleurs, rien ne forcera Hermine à descendre ou à monter plus qu'elle ne voudra.

Et il ajouta une plaisanterie de mauvais goût :

— Quand elle ne pourra plus, elle restera en panne.

Une discussion s'éleva ensuite au sujet de l'ameublement; Mauri le voulait italien, Hermine le voulait breton.

— Oh! disait-elle, les tables bretonnes de Landivisiau et Saint-Thégonnec, les armoires rustiques sculptées de Pont-Aven, et les lits fermés de Pont-Aven, on est si bien dedans. Vous ne voudriez pas coucher dans un lit fermé de Pont-Aven?

Et elle l'interrogeait de ses beaux grands yeux gonflés de bonté, qui entraient loin dans le cœur.

— Un lit fermé? Pour étouffer? Merci. Ah, les meubles italiens, il n'y que ça. C'est coquet, c'est léger, c'est plein d'azur et de soleil.

Mais il comprit que les sympathies de cette grosse petite femme n'étaient acquises qu'aux choses laides et massives. D'ailleurs, Madam

Israël invoqua un argument devant lequel il
fallait se courber :

— L'azur et le soleil, ce n'est pas fort solide.
Voyez-vous Hermine assise sur une chaise
d'azur et de soleil ? La chaise craquerait bien
vite. Ma fille tomberait, elle se ferait du mal.
Supposons qu'elle tombe sur un clou de vingt
centimètres qui lui entrerait dans le gras du
derrière, quelle affaire !

On acheta donc un ameublement breton.
Mauri de Noirof éprouva un plaisir secret à
choisir tout ce qu'il avait de plus vulgaire, de
plus encombrant, de plus épais, de plus triste ;
il jeta son dévolu sur le mobilier rustique,
plus carré, plus rugueux, fabriqué par des
charpentiers de campagne et auquel la gros-
sièreté du travail, la sauvagerie et la naïveté
de l'artiste impriment un cachet de laideur
glaciale.

Dans la crainte que Hermine ne fût douée
d'une double vision, le jeune homme consulta

un des *princes de la science médicale*. Il acquit la certitude qu'il resterait maigre toute sa vie. L'âme de sa future femme n'était donc pas fermée aux choses de l'esthétique, puisqu'elle voulait un époux d'un calibre moyen.

Quelquefois, elle lui demandait:

— Aimez-vous ceci? Aimez-vous cela?

Et leurs préférences allaient toujours à l'encontre l'une de l'autre. Cette constatation rendit Mauri complètement abruti. Il adorait les choses épicées, elle avait en horreur le poivre et la moutarde. Les sucreries et l'alcool — qu'elle savourait avec des spasmes de plaisir, — lui causaient, à lui, des maux d'estomac. Et lorsqu'il l'entretint finement des plaisirs charnels que le mariage autorisait entre personnes de différents sexes, elle lui fit entendre qu'elle n'aimerait jamais *ça*, que *cela* n'était pas propre, qu'elle ne se mariait pas pour *cela*, qu'elle était réfrigérante comme la machine de la Morgue.

— J'ai déjà essayé, dit-elle, je n'ai jamais pu.

— Pu quoi?

Elle baissa les yeux, ne rougit pas et répondit, toujours d'une voix engorgée :

— Mais *ça !*

— Avec qui?

— Oh! avec mon moral. Plus je pense à *ça*, plus je deviens cadavérique, plus je m'encercueille les sens *ad hoc*. Tenez, si nous continuons à parler de *ça*, je vais m'enrhumer.

Elle allait s'enrhumer ! Il croyait rêver. Détraquée, elle aussi? Mais c'était le bonheur, alors !

Elle lui demanda :

— Me serez-vous fidèle?

— Très peu ma chère, excessivement peu.

— Ni moi non plus ; je sens que j'aurai des moments d'abandon coupables. Je vous tromperai avec moi-même. Oh, dans ce cas, la loi est si douce pour les adultères !

Mauri inscrivit sur son petit calepin le mot

« guillotine ». Puis, il interrompit sa cour pendant un mois.

Pendant un mois, il fut cristallisé par une passion pour une monstruosité que l'on exhibait à l'Hippodrome : c'était une femme à deux têtes, quatre jambes et quatre bras ; elle possédait un seul bassin et un seul estomac ; on l'appelait Mani-Mina. Née en Tyrol, elle avait parcouru toutes les villes de l'Allemagne, de la Suisse, de la Belgique, et venait de débuter à Paris en jouant du violon du côté droit et de la clarinette du côté gauche. Elle exécutait un duo à elle seule ; la droite était soprano, la gauche contralto. Elle démentait le proverbe qui n'admet pas que l'on fasse deux choses à la fois. Mauri en pinça pour le côté droit qui le lui rendit bien, car un soir, après une séance très applaudie, il attendit la double femme à la sortie et lui offrit à souper. Mani accepta ; Mina fit la grimace, mais elle dut se résigner. Ils se rendirent chez Maire. Ils mangèrent et

burent comme six, tant et si bien qu'ils quit-
tèrent le restaurant un peu huruberlu. La
perspective d'une nuit d'amour unique en son
genre picotait délicieusement les papilles de
Mauri ; il proposa des choses immorales ; l'une
dit oui, l'autre dit non.

— Je ne veux pas, fit Mina.

— Et moi j'accepte, répliqua l'autre. Pourquoi refuses-tu ? Il nous faudra tout de même
en arriver là un jour. Vous savez, continuat-
t-elle en s'adressant à Noirof, c'est la première
fois...

Mani-Mina était descendue dans un pauvre
hôtel du quartier du Temple, un hôtel puant
la retape au rabais. Elle gagnait vingt-cinq
francs par soirée, mais cela suffisait à peine.

— Vous comprenez, vingt-cinq francs pour
deux, cela ne fait que douze francs cinquante à
chacune. Nous nouons à peine les deux bouts
et jusqu'ici, aucun amant ne nous a initiées
aux charnelles félicités, personne ne nous a ai-

dées. Encore, si Mina n'était pas malade !
Mais voilà, elle l'est.

Mina avait, en effet, un petit bobo à la cuisse
droite, une tache rouge autour d'un bouton su-
pureux. Et d'autres petits points rouges s'é-
parpillaient un peu partout sur son pauvre
squelette de corps, un corps noueux comme
une racine de buis.

— Oh, je sais bien que je suis fichue !

Un frisson d'épouvante secoua l'autre : c'é-
tait la première fois que l'idée de la cessation
de la vie lui était communiquée par sa sœur.

Lorsque le phénomène fut déshabillé, Mauri
eut une seconde d'hésitation. Devait-il coucher
avec ? Ce corps étrange, soudé au bas des
reins, ne possédait qu'une colonne vertébrale,
il ressemblait, dans sa nudité, à deux veaux
écorchés qui se touchent de dos à l'étal d'un
boucher. Et la peau était pâle, sauf celle de
Mina, bariolée de marbrures rouges. De ce
corps se dégageaient deux odeurs très distinc-

tes : une odeur de pourriture, et une odeur de chair fraîche, une odeur de vie et une odeur de mort. Ce mélange donnait des nausées. La possession d'un être pareil confinait à la profanation, mais l'attrait de l'imprévu vainquit les scrupules de Noirof, et il passa une nuit atroce. Il s'égara parmi cette multitude de membres dont les uns l'attiraient, tandis que les autres le repoussaient ; il se trompa, embrassa chaudement Mina, et comme Mani protestait, il perdit la tête et voulut, pour plus de sûreté, rapprocher celles des deux sœurs, mais la colonne vertébrale s'y refusa, le corps se débanda comme un arc. Le jeu du bon Dieu lui laissa l'impression d'un cauchemar. D'ailleurs, l'épiderme de Mina-Mani était visqueux pareillement à celui de la poulpe. C'est ce qui fit sans doute qu'il s'en détacha difficilement.

Il y demeura, en effet, agglutiné pendant un mois, à la grande joie des habitués de l'hippodrome. Un entrefilet ironique d'un journal du matin, qui le ridiculisait, le décida à un décollage. Il rentra rue Campagne-Première, où il trouva des lettres et des dépêches de madame Israël et de sa mère : on lui demandait s'il voulait oui ou non se marier.

— Ma tête, ma pauvre tête ! s'écria-t-il désespérément.

Et il oublia tout, son voyage à Monte-Rubio, son flirtage avec Mani-Mina. Il fut surpris des reproches qu'on lui adressa.

— Eh bien, marions-nous au plus tôt, que l'on fasse une fin.

Mais il la voulait rapidement bâclée, cette fin.

— Tu nous as fait une peur ! lui dit madame de Noirof ; pense donc que je suis ruinée ! Comment veux-tu que je vive ? Enfin, j'ai prétexté tes vingt-huit jours, et j'ai amené ta future belle-mère à doubler la dot. Ah, tu peux te vanter que je t'aime bien.

Le mariage se sacrementa à Saint-Germain-des-Prés. La mariée, le marié, et les gens de la noce portaient le deuil. On en avait décidé ainsi, afin de *ne pas faire comme tout le monde*. L'évêque de Djurdjura prononça une gaillarde allocution, il s'étendit longuement sur les plaisirs du mariage et, à voix basse, insinua : Vous allez vous en payer, mes gaillards, la France vous en sera reconnaissante un jour.

Dans la sacristie, il y eut un défilé hétéroclite : le duc de la Croix de Berny, madame Perle, Pancrace, ainsi que tous les cochers du dépôt de Montparnasse, la Pondeuse, Jardisse, l'artiste en giffles, qui avait mangé du chat crevé. Il pleuvait à torrents, il faisait froid. Et c'est avec un malaise inexprimable que chacun sortit de l'église.

— Godard ! Où est Godard ? Personne n'a vu Godard ?

Mauri interrogeait les coins et les racoins de la place Saint-Germain-des-Prés : pas de Godard.

— Eh bien, à la Villette.

A la Villette ! Personne n'y comprenait rien.
On devait déjeuner chez Magny, puis laisser
filer les jeunes gens vers le midi.

On discuta sous la pluie, et afin de contenter
tout le monde, il fut entendu que la moitié
irait chez Magny, et l'autre moitié à la Villette.

— Mais que faire, à la Villette?

— Vous le saurez, répondit Mauri. C'est très
épatant.

Assis à côté de sa femme, il sortit de sa poche une boussole, un thermomètre et une grenouille.

— Ce sont des instruments de travail. Vous
verrez ça.

— Pourquoi ne me tutoyez-vous pas, Mauri ?

— A quoi bon ? Il est toujours temps de faire
des bêtises.

— Etes-vous heureux ?

— Pas le moins du monde. Je bâille. J'ai en
horreur le genre humain.

— Et moi aussi.

Et elle caressait la grenouille, une petite grenouille verte affligée de gros yeux rappelant ceux d'un joueur d'ophicléide dont l'instrument est ingrat et qui pousse de toutes ses forces dans l'embouchure pour désemmerder ses contemporains. Les yeux de la grenouille rappelaient ces yeux-là, mais dans une certaine proportion, bien entendu, dans la proportion de un à neuf et demi.

— Il est fort intéressant, ajouta-t-elle, pour une jeune mariée, d'aller avec son époux à la Villette par un temps de pluie en faisant joue-joue avec une grenouille.

— J'te crois, répondit-il, cela n'arrive pas à toutes les femmes.

Et le goût du cigare qu'il avait fumé jadis chez madame Perle lui revint à la bouche. Puis, en fermant les yeux, il revit le duc de la Croix de Berny dans son costume de danseuse. Et il s'assoupit. Elle le réveilla à la Villette.

Godard était là, qui l'attendait.

— Nous avons un bien mauvais temps, mais j'emporte beaucoup de lest et nous traverserons rapidement les nuages...

Un ballon se balançait dans la cour de l'usine à gaz. Il était muni de deux nacelles superposées, la supérieure beaucoup plus grande que l'inférieure.

— Comprenez-vous, maintenant, dit Mauri à Hermine ; ordinairement, quand on se marie, on est joyeux et l'on prend le P.-L.-M. pour aller, dans des lits d'auberge de province, dans des lits fatigués et pleins de punaises, faire de la gymnastique nuptiale. Eh bien, nous n'imiterons personne, nous aurons des figures de gens qu'on enterre et nous passerons notre première nuit de noces à trois mille mètres au-dessus de la terre. Nous allons grimper dans la première nacelle ; elle est capitonnée et contient tout ce qu'il faut pour ce que vous savez. N'oubliez pas la grenouille.

Et avec la rapidité d'un acrobate, sans dire adieu à personne, il gagna la nacelle conjugale. Mais Hermine ne voulait pas entendre parler d'un semblable voyage.

— Alors, je m'en irai seul ; *vous resterez à la maison*. Mais si je rencontre une femme par là, tant pis pour vous.

Ce dernier argument décida sa femme. Très péniblement, elle se hissa jusqu'auprès de lui. Le ballon eut un mouvement descendant, sous le poids de cette créature anti-lilliputienne. Il fallut jeter du lest pour rétablir la balance.

Et l'aérostat s'éleva enfin, lentement, sans majesté.

VI

— Oui, mon chéri, c'est comme ça. Je me suis amourachée de toi, surtout depuis que je t'ai vu sortir à pied, suivi d'une bonne. Pense donc, toi, à pied ! Et accompagné d'une larbine ! Enfin, tu es un type. Comme tu as eu tort de te marier !

Elle lui montrait son petit logement de la rue Monge, une antichambre, un salon, une chambre à coucher avec cuisine et cabinets à l'anglaise. Tout cela était meublé cossument, sans fla-fla ; seule, une petite débauche d'emblèmes chorégraphiques tachait le pan sud-ouest du salon. Mais Mauri distinguait mal, à cause de l'insuffisance de lumière. Et puis, ses idées étaient ailleurs. Il avait hâte de se coucher.

— C'est déjà drôle tout de même, lui dit la Pondeuse, que tu ne passes pas la première nuit de tes noces avec ta femme ! Qu'est-ce qu'elle a donc d'extraordinaire?... Serait-elle?... N'aurait-elle plus ?...

— Tu liras ça demain dans les journaux.

— Nous nous lèverons à midi, parce qu'il faut que j'aille à la répétition du *Cœur de Sita*. Heureusement que j'ai pu entrer à l'Éden. Hier, j'ai perdu deux cents francs aux courses. Je n'ai plus rien à me fiche aux pieds ; j'avais commandé une paire de souliers Molière que l'on m'apportera demain, et je suis à sec. Ma foi, tant pis, je la refuserai.

La Pondeuse avait la manie des bêtes ; elle élevait un chat, un chien, un petit cochon d'Inde, et ces quadrupèdes se trémoussaient sur la couverture du lit, avec des grognements, des jappements, et des miaulements de joie. Mauri, qui détestait les hommes, n'aimait guère davantage les animaux, et ce fut avec un plissement frontal qu'il se coula dans le lit. Quelque chose de froid s'enroula autour de ses jambes : c'était une couleuvre, deux couleuvres, trois couleuvres, très inoffensives d'ailleurs, ainsi qu'un lézard, inoffensif aussi, qu'il dérangeait dans leur sommeil.

— Ne crains rien, mon chéri, ils ne font pas de mal. Les couleuvres me connaissent, c'est moi qui les ai élevées ; je vais leur donner à téter ; tu verras, c'est rien rigolo.

Et après un silence :

— Oh, ce qu'ils me donnent de mal ! Il faut toujours les décrotter, c'est embêtant.

Elle prit une couleuvre, et découvrant son sein, lui en fit entrer le bout dans la gueule. En moins de cinq minutes, la bête, gorgée de lait, ne pouvait plus se tenir debout.

— Tu as donc eu des enfants, que tu puisses allaiter des ovovipares ?

— Du tout, je me suis soumise aux expériences d'un médecin fameux du quartier de Bel'Air. Au moyen de sa méthode, il fait produire du lait à toutes les femmes, même à celles qui sont stériles. Si tu veux, nous irons le voir un jour, ses découvertes sont bouleversantes. Dis, raconte-moi donc pourquoi tu ne couches pas avec ta femme ce soir.

— Tu ne comprends pas ? C'est bien simple ; nous nous sommes chamaillés, à propos d'une grenouille qu'elle avait oubliée dans le coupé. Nous nous trouvions alors à une altitude de deux mille deux cent trente-quatre mètres, cinquante-six centimètres et demi. Elle m'a insulté ; alors ne voulant pas de scandale, j'ai prié Godard d'ouvrir la soupape et je suis redescendu à l'endroit précis où nous avions déterré. Et elle est remontée avec Godard. Et me voici. Ce n'est pas plus malin que ça. Sur

ma route terrestre, j'ai rencontré une petite
bonne délurée que j'ai embauchée à l'heure et
qui m'a apporté mon baluchon jusqu'ici. Et
voilà comment le soleil de ma présence reluit,
ce soir, en ces lieux.

— Mais tu te rabibocheras avec elle lorsqu'elle te reviendra ? En voilà une idée de
lâcher sa femme en l'air avec Godard ! Tu sais
que Godard est un fameux lapin ? Et il n'y a
personne pour voir ce' qu'ils font là-haut.

Une autre couleuvre tétait, à son tour.
A chaque goulée, son ventre ondulait, et ses
yeux se fermaient, béatement. Celle-là était
énorme, elle avait la grosseur d'une cuisse de
femme maigre lorsqu'elle fut gavée. Mais la
Pondeuse était épuisée, elle dut remettre au
lendemain l'allaitement du troisième ophidien,
qui sifflait de rage et de faim.

La nuit fut exquise pour Mauri. Il ne put
fermer l'œil ; les animaux se livraient à d'in-
finies galipettes sur son nombril ; le chat lui

mordillait la barbe, le chien jouait à cache-
cache avec le cochon d'Inde sous ses aisselles,
et le lézard lui courait le long des mollets.
Quant à elle, elle roupillait en manière de
soufflet de forge, et il lui survenait de fréquents cauchemars. Elle criait : « En scène,
mesdemoiselles !... Un bifteck à l'as !... Vive
l'Empereur !... », ce pendant que, dans les
chambres voisines, des craquements de boise-
ries attestaient des luttes amoureuses qui se
renouvelaient sans cesse.

Le matin, on frappa à la porte : c'était le
bottier, qui apportait les chaussures de mademoiselle. La Pondeuse le fit entrer dans la
chambre à coucher.

— Il vous faudra les garder, je n'ai plus le
sou, à moins qu'il ne veuille bien me les offrir,
lui.

Et s'adressant à Mauri :

— Tu veux bien, dis ? C'est cinquante francs.
Regarde, comme elles sont jolies !

Le bottier s'avança : c'était justement celui de la famille Israël, c'était chez lui que Mauri avait commandé les souliers de noces de Hermine. Noirof devint cramoisi.

— Ne craignez rien, M. de Noirof, je sais ce que c'est, je ne dirai rien.

Et voyant l'embarras du jeune homme, il voulut se retirer, mais la Pondeuse le retint ; on allait boire un madère tous ensemble. Une voisine entra, Mlle Jeanne, une camarade de planches. Et l'on trinqua gaîment. Mauri était toujours couché. Une femme de ménage arriva à son tour, avec un bol de chocolat.

— Le chocolat du Planteur, mon chéri ! Ça n'est guère de circonstance...

Il se l'ingurgita néanmoins, tandis que les autres se payaient une deuxième tournée de Madère. Mauri aurait voulu se trouver à cent lieues ; la chambre s'emplissait peu à peu de femmes qui venaient admirer la paire de chaussures et reluquer le miché ; deux cocottes, habitant le même palier, ainsi qu'une professeur de piano, étaient entrées, avec des chiens et des chats, et tout ce monde-là plaisantait Mauri qui sentait son front se moitir de sueur.

On buvait ferme. Le bottier proposa de faire une partie de manille et ils s'assirent autour d'une table que l'on approcha du lit afin de permettre à Noirof de suivre le jeu. La Pondeuse était avec une cocotte, et le bottier, avec la professeur de piano. Les autres regardaient. On jouait une bouteille de Malaga en quarante-quatre sec. La cocotte retourna le manillon de carreau.

— Quatre points pour nous.

Le bottier avait un jeu déplorable : la manille de trèfle sèche, et deux atouts, le valet et la dame. Sa partenaire était très mal de la maison : le sept seulement, et pas de manille.

— Vous ne coupez nulle part ?

— En second, à cœur.

— Combien de trèfle ?

— Trois.

— Trois et un quatre. Ça passera. Un cheval !

Il abattit sa manille, mais la Pondeuse coupait.

— Dis donc, pas de trèfle. Es-tu bien de la maison ?

— L'as, le roi, et le neuf.

— J'ai la manille et le huit. Je coupe de la manille pour refoutre un coup d'atout après. A moins que je ne fasse auparavant mes manilles de cœur et de pique. Tu n'as pas de manillon ?

— Celui de trèfle, pardi, avec le roi et le valet.

— Ils sont trente-quatre ! Attends, que je fasse mes manilles. Pique !... Cœur !... Le manillon de Cœur !... Ah, le roi tombe, je fais les deux autres, j'en avais quatre. Cœur !... Cœur !...

— Gardez le manillon de pique, criait le bottier.

Mais il restait trois atouts à la cocotte. Un vrai trente-quatre sur table.

A•la deuxième donne, le bottier retourna le roi de cœur.

— Ah, merde! s'écria la Pondeuse, je n'ai rien. On n'a pas mêlé les cartes. Combien de pique?

— Le huit et le valet.

Et elle joua le sept.

— J'ai le roi et le neuf, dit le bottier; le manillon est chez la Pondeuse. Faut faire la passe!

La professeur de piano monta de sa dame, et son associé prit du roi; puis il rejoua le neuf.

— Merde! répéta la Pondeuse. Ils font dix-sept à pique. Sacrés cochons!

— Jouez-moi un petit trèfle, maintenant.

La cocotte avait la dame et la manille.

— La passe, nom de Dieu!

Mais le bottier avait le roi sec. Et il fit la levée.

— Atout !

— Es-tu bien de la maison ? demanda la Pondeuse.

— Le valet et la dame.

— Je n'ai que le manillon. Si madame la pianiste a la manille, elle me le gobe.

En effet, elle le lui goba.

— Encore un coup d'atout, gueula le cordonnier, nous lui prenons sa dame. Vous avez la manille de carreau ?

— Oui, avec l'as. Et il me reste le manillon de trèfle.

— Nous sommes trente-quatre, cria la Pondeuse. Tu n'aurais pas dû faire la passe à trèfle ! C'est de ma faute, j'en avais trois, tu aurais dû lever de ta manille.

Ça leur faisait trente-sept points contre trente-huit.

Le troisième coup n'amena rien. Ils avaient autant de points d'un côté que de l'autre.

Et Mauri restait toujours couché. Abasourdi

par les exclamations des joueurs, il n'osait se
lever, parce que ses vêtements étaient accro-
chés au mur de l'autre côté de la table. En
fermant les yeux, une succession de tableaux
se déroula dans ses paupières : un mur tapissé
de lierre, une ribambelle de fourmis grimpant
le long d'une bougie allumée, puis plus rien,
un rideau noir, puis un village désert en feu,
une pluie de femmes nues avec beaucoup d'argent dans leurs poches, un fleuve de cailloux
peuplé de poissons.

— Avez-vous des manilles ?... Êtes-vous
bien de la maison ?... Vous ne coupez nulle
part ?

Chaque coup commençait par ces mêmes
questions. Maintenant, on jouait une deuxième
bouteille de Malaga, histoire de donner une
revanche aux perdantes. Seulement, il fallait
se hâter, car ces dames du ballet de l'Éden
devaient déjeuner à dix heures, et il en était
neuf trente-quatre.

— Mais tu es bien dans le dodo, mon chéri, restes-y ; je parie que ta femme fera, de son côté, elle aussi, sa grasse matinée. Figurez-vous donc que cet amour d'homme est marié depuis hier matin, et que le voilà dans mon lit !

Celles qui ne jouaient pas s'approchèrent et lui demandèrent des détails. L'une d'elles avait lu ça dans le *Petit Journal* du lendemain. Mauri ne savait rien.

— Comment, tu ne sais rien ?

— Absolument rien, j'ignore de quoi vous parlez.

Il parcourut l'article du journal, où son nom était désigné par une initiale X. On y disait que le ballon avait atterri à Fleurines, lez Senlis, dans le parc du château de Saint-Christophe, que Mme X. était évanouie et que son premier mot, en revenant à elle, avait été de demander à boire. Mauri lisait cela en homme désintéressé, tout à fait étranger à la question.

— Mais c'est ta femme, voyons ; es-tu malade ?

— Je vous assure que vous perdez tous le nord. Jamais, je ne me suis marié. Je commence à vivre ; mon âge m'est inconnu. Et si je suis vieux, il y a longtemps que je repose ici, couché dans ce lit que je vois pour la première fois.

Il regardait autour de lui ; à chaque scillement, les objets lui paraissaient de plus en plus nouveaux. Il ne reconnaissait plus la Pondense. Il ne se reconnut plus lui-même.

— Je voudrais pourtant bien savoir qui je suis.

Il reprit le journal : il ne pouvait plus lire.

— Apprenez-moi donc l'alphabet !

Et il ajouta :

— A quoi bon, puisque tout cela ne sert à rien. N'importe, je voudrais bien savoir ce qu'il faut faire pour vivre.

Sa crise le reprenait. Il lui survenait, ainsi,

des accès d'amnésie au cours desquels il formulait de monstrueuses incohérences. Cela durait dix minutes, puis il revenait à lui. Et il oubliait tout ce qui s'était passé pendant l'accès.

Les danseuses avaient encore perdu la deuxième bouteille de Malaga. Il ne leur restait plus que le temps de manger, afin de digérer à l'aise, de fumer une pipe, et de se cavaler à l'Éden.

— Je ne suis guère en train, disait la Pondeuse, j'ai bien envie de répéter ici, et toi, Jeanne?

— Je veux bien ; seulement, gare l'amende!

— Mauri nous dédommagera, n'est-ce pas, chéri ? Qu'est-ce qu'elle veut donc, celle-là ? Ah, c'est vrai, elle n'a pas eu sa goulée, hier.

Et elle donna à téter à la troisième couleuvre.

— A défaut de gosses, on nourrit des serpents. Or, comme les uns valent les autres, c'est kif kif bourico. Ce qui est fâcheux, c'est

que si les enfants deviennent, plus tard, des
serpents, ceux-ci ne changent pas, ils devraient
se dépioter au bout d'un certain temps et se
changer en gosses. Tenez, regardez-moi cette
bonne grosse bête qui n'en peut plus, est-ce
gentil tout plein, avec sa langue fourchue ! Je
les aime comme si je les avais pondues ; elles
me rendent service, d'ailleurs, puisqu'elles me
prennent mon lait. Au commencement, je me
tétais moi-même, mais j'en ai eu vite assez.

Et elle fit fonctionner l'appareil qu'elle s'é-
tait fait fabriquer pour son usage personnel.
C'était un tube en caoutchouc se terminant par
une petite cloche, également en caoutchouc,
dont elle mouilla l'intérieur en crachant dedans ; elle se l'appliqua sur le sein, il lui
suffit d'aspirer un peu pour que le lait arrivât
sur le champ.

— J'en ai pris un brevet, de mon appareil ;
si j'ai de l'argent un jour, je l'exploiterai, et ça
me rapportera ! Toutes les nounous s'en servi-

ront, sans crainte d'être éveillées la nuit par leurs gluants ; il leur suffira de s'adapter mon système en se couchant, et d'en fourrer la canule dans la hure du marmot ; celui-ci tètera pendant que l'autre dormira. L'un pourra coucher au premier étage, et l'autre sous les combles ; en faisant courir le tube tout le long de l'escalier, le résultat sera le même. Bien mieux, dans la rue, la nourrice pourra laisser le petit dans sa voiture ; lorsqu'il gueulera, elle lui jettera la canule, et continuera sa promenade comme si de rien n'était. Et cœtera. Je vous dis que c'est une invention chouette, excessivement chouette.

— Oh, elle ne te conduira pas au Panthéon !

— Non, mais elle me mènera peut-être à Saint-Lazare. Ce sera toujours ça. Voyons, allons-nous à la répétition, ou répétons-nous ici ?

Elles opinèrent pour une répétition chez la Pondeuse. Et immédiatement, elles s'affublèrent de jupes de tarlatane, bas roses et pantalons. Leurs corsages, très décolletés, laissaient deviner des rondeurs succulentes. Avec un sans-gêne polisson, elles s'attachèrent des chaussons aux pieds, et se mirent à tricoter des jambes. Elles comptaient les mesures en claquant du bout des doigts, et elles pirouettaient en mesure. Leurs gesticulations étaient identiques ; de même taille, vêtues toutes deux pareillement, elles figuraient un dédoublement de la même femme. En les voyant, Mauri se rappela Mani-Mina, puis l'apparition du duc de la Croix de Berny au ballet des Yeux de Desdémone. Et il lui prit, à son tour, la fantaisie de se costumer en danseuse et de faire le grand écart.

— Ah, mon pauvre chéri, tu vas paraître bien bête dans cet accoutrement. D'abord, sais-tu danser ?

— Un peu.

— Tu n'as suivi ni le cours de Saracco,

ni celui de Balbiani ? Alors, va te coucher.

Mais il insista. Mademoiselle Jeanne avait justement chez elle un costume de représentation : un maillot, un tutu, des jupes, un corset. Celui-ci ne ressemblait en rien à celui de nos mères ; afin de faciliter le port des bras et le renversement du torse, il était très bas et très échancré du dos. La chemise, également, était étrange; sans emmanchures, très courte devant, échancrée des hanches, elle formait par derrière une longue pointe destinée à être ramenée entre les jambes jusque par-devant. Mauri voulait apprendre le pas de si-sol. On le lui expliqua.

— Les pieds étant à la cinquième, s'enlever, sauter le pied droit en jetant le pied gauche en arrière, ramener le pied gauche derrière le pied droit, à la cinquième, remettre le pied droit derrière le pied gauche, également à la cinquième.

— Voilà bien des cinquièmes? Tout cela doit former des unités.

— Où as-tu dansé ?

— A Bullier.

Ces dames s'exclamèrent. A Bullier ! Un bouis-bouis mal fréquenté, où l'art de la danse subit de perpétuelles écorchures. Un moutonnement de têtes inondées de lumières, lesquelles têtes n'esquissent que des sourires affreux. Les consciences impures s'y réfugient, la cadence de la valse leur offrant le trimballement de leurs méfaits ; ceux-ci descendent dans les tripes et s'y dissolvent pendant une soirée. Ils surnagent ensuite. Les femmes, toutes dévirginisées, exhibent des nonchalances exquises sous de joyeux atours; les multicouleurs de leurs affublements éclatent, et de loin, avec leurs fards et leurs falbalas, noyées dans le reflet des glaces mal nettoyées, font penser à une mêlée de fleurs fanées. A Bullier ! Mais tout y est convention : la danse, la lumière,

le rythme des entrechats ; les feuilles des
maronniers du jardin prennent elles-mêmes
des teintes de décoration théâtrale ; elles sont
vertes, d'un vert de zinc solairement fatigué.
L'odeur qui se dégage de la foule y est fausse ;
la sueur des fronts, des goussets et des ven-
tres, tamisée par des épidermes malpropres,
fleure inhumainement. L'atmosphère y est fal-
sifiée. La falsification de l'air ambiant réagit
sur les cerveaux qu'elle détraque ; ainsi, des
jeunes gens pas beaucoup distingués essaient
la force de leurs biceps sur l'estomac d'un
mannequin dont le mécanisme intérieur, ap-
prêté, annonce une vigueur qui n'est pas vraie.

— Ton éducation est à refaire, mon petit.

Mauri était passé dans le salon pour s'habil-
ler. Une rumeur montait de la rue. Un attrou-
pement, formé juste devant la porte de la Pondeuse, levait les yeux en l'air ; tous ces mu-
seaux humains regardaient quelque chose.
Quoi ? Le feu ?

— Nous ne faisons pourtant pas trop de potin ; c'est peut-être la voisine du dessus, qui se débarbouille à poils ?

Ce n'était pas la voisine du dessus qui se débarbouillait à poils. La porte de la chambre de la Pondeuse s'ouvrit, et un sergent de ville apparut, avec des bottes toutes neuves.

— Que je vais le fourrer dedans, ce cochon-là ! Où donc est-il ?

— Mais qui ?

— Un salopiau qui fait je ne sais quoi à une fenêtre sans rideau. Il passe des enfants par ici ; il est vrai que les toutes petites filles savent très bien ce que c'est qu'un homme nu, mais la loi est là, elle punit les exhibitions de derrières. Amenez-moi cet homme-là !

Et il empoigna Mauri, qui achevait de s'attacher des chaussons. Sous la poussée de l'agent, il dégringola l'escalier quatre à quatre et fut conduit au poste. Chemin faisant, il sautait comme une libellule ; son tutu s'épanouissait, il se l'était placé autour de l'estomac, trop haut par conséquent, de sorte qu'il ressemblait à une toupie. Sa figure effarée, ses jambes indéfinies mettaient en grande joie la marmaille et les flâneurs du quartier des Écoles.

Arrivé au poste :

— Comment vous appelez-vous ?

— Mauri de Noirof.

— Vous êtes saltimbanque, ça se voit. Où est votre patente ? Vous n'en avez pas. Très bien. Où êtes-vous né ?

Il ne répondit pas.

— Où demeurez-vous ?

Il ne répondit pas.

— Répondez donc, nom de Dieu ! Où êtes-vous né ?

— La fatalité, monsieur le commissaire ; je vais vous faire rire. Ma mère me l'a apprise par cœur.

— Quoi ?

— L'histoire de ma naissance.

Et il la narra.

Sa mère eut un jour une grande distraction.

Ce jour-là, elle occupait un coupé dans l'express d'Ostende à Bâle.

Absorbée par la magnificence du panorama qui se déroulait autour d'elle, elle se rappela, la nuit tombante seulement, que, depuis le matin, elle avait doté la terre d'un mortel de plus.

Elle déposa un baiser sur la face rubiconde de son enfant, un garçon, très laid comme tous les nouveaux-nés, pourvu de longues petites jambes qu'il remuait continuellement en se cramponnant aux seins de sa nourrice, une forte fille de la campagne qui avait eu des malheurs et qui possédait l'étrange manie d'égarer tout ce qu'elle touchait.

Arrivées en Suisse, les deux femmes se trouvèrent fort en peine, elles n'y rencontrèrent point M. Noirof. L'hôtelier du Pic-Ardent, où